Las correctas combinaciones alimentarias

COLECCIÓN SALUD

Arturo Tentori-Giovanni Turetta

LAS CORRECTAS COMBINACIONES ALIMENTARIAS

EDITORIAL DE VECCHI, S.A.

Editorial De Vecchi, S. A.
Balmes, 247. 08006 BARCELONA
Depósito legal: B. 41.583-1991
ISBN: 84-315-0991-0
Impreso en España por
LIBERGRAF, S. A.
Constitució, 19.
08014 Barcelona

Índice

I

LA RELACIÓN SALUD-ALIMENTACIÓN
(Dr. Antonio Monguzzi)

II
LAS COMBINACIONES ALIMENTARIAS
COMO FORMA DE BIENESTAR

III
DIETÉTICA PRÁCTICA

IV
LA COCINA IMAGINATIVA

I

LA RELACIÓN SALUD-ALIMENTACIÓN
(Dr. Antonio Monguzzi)

Introducción

Las historias de nuestros ancianos, a menudo nos hablan de un tiempo pasado en el que el tipo de alimentación al que hoy estamos acostumbrados sólo aparecía sobre la mesa en las grandes celebraciones. Podríamos pensar, incluso, que aquellos tiempos eran mejores, dada la longevidad y la fortaleza que alcanzaban algunas personas, teniendo en cuenta la escasez de medicinas y cuidados médicos e higiénicos.

Todo esto no es del todo cierto; basta con recordar que determinadas patologías curables en la actualidad, como la pulmonía, a principios de siglo e incluso después afectaban a los individuos más débiles. En estos casos, sólo sobrevivían los individuos físicamente más fuertes, aquellos que soportaban mejor cualquier clase de privaciones, incluso alimenticias.

No es, por tanto, comer poco y con escasa variedad lo que garantiza la salud y la longevidad, sino que se trata de afrontar el problema de la alimentación con coherencia y determinación, adoptando ante todo dietas equilibradas y adecuadas que satisfagan nuestras necesidades alimenticias. Cada uno de nosotros desarrolla distintas actividades, tanto en el trabajo como en la vida social, entendiendo ésta como deporte, diversiones y actividades diversas, para las que el organismo debe tener a su disposición la cantidad apropiada de energía proveniente de los alimentos.

Aquellas personas que tienen un trabajo que requiere un esfuerzo mental no deben comer demasiado al mediodía ni tomar alimentos pesados, ya que se arriesgan a adormilarse cuando trabajan por la tarde: traten de imaginarse a un cirujano que se adormilase durante su intervención. Sería desastroso, sobre todo para el paciente. Por el contrario, la persona que efectúa un trabajo físico importante no puede combatir la fatiga con una dieta pobre en calorías, ya que su organismo necesita quemar un sustrato energético.

Aunque estas observaciones podrían parecer obvias, a menudo nos encontramos ante hábitos alimenticios que no las toman en consideración.

Ya antiguamente, la abundancia de alimentos era una manifestación de bienestar de la que el pobre quedaba excluido. Así lo demuestran las descripciones que nos han llegado de banquetes y festines opíparos. También actualmente el valor simbólico de la comida como elemento que nos aparta de la pobreza está siempre latente en nuestro inconsciente.

Todos hemos sido atraídos en más de una casión por ricos bufetes, en el restaurante, en casa de amigos o parientes, con menús que presentan los más variados entremeses y primeros y segundos platos, a veces repetidos, por el deseo de probar un poco de todo; y aun más, el queso y los dulces, todo regado con abundante vino.

No es el hambre lo que nos empuja a cometer estos excesos, sino una visión errónea de la comida y del acto alimenticio.

ALIMENTACIÓN Y ENFERMEDAD

Ser consciente de lo que se está comiendo quiere decir vivir sano. En efecto, son muchas las enfermedades que se manifiestan o, si ya están presentes, empeoran a causa de malas costumbres alimenticias.

Sería interesante considerar algunos ejemplos.

La hipertensión

Ante todo, cabe precisar que la hipertensión no es una enfermedad originada esencialmente por la alimentación. No obstante, si tendemos a tener la tensión alta, sobre todo la mínima, es conveniente eliminar la sal de nuestra dieta. Éste es el primer remedio que aconseja el médico, al que seguirá, en caso de no mejorar lo suficiente, el farmacológico.

Por tensión mínima alta se entiende la presión diastólica (cuando el corazón no está contraído) con valores de 100 mm Hg, observados más de una vez en un lapso de tiempo (puede suceder que se noten punzadas esporádicas ante una subida de tensión, a causa de estrés o fatiga, pero no son importantes).

Si se observan unos valores medios-altos (90-95) al medir la tensión, debe empezarse por corregir la alimentación.

La diabetes

Otra patología relacionada con la alimentación es la diabetes, de la que se conocen dos tipos: la senil, o no insulinodependiente, y la juvenil, o insulinodependiente.

El diabético insulinodependiente debe mantener una dieta muy rígida y aplicarse insulina para compensar la ausencia de esta sustancia, producida por el páncreas; de no ser así, corre riesgos muy graves que podrían ocasionarle incluso la muerte.

La diabetes que nos interesa es la que se da en una edad avanzada. Su manifestación es engañosa; es decir, no presenta síntomas evidentes de enfermedad, pero cuando el médico de la familia indica que la glucemia es un poco elevada, ha llegado el momento de disminuir azúcares y pastas. De este modo, evitaremos la aparición, más adelante, de una diabetes senil, asociada a síntomas derivados de sus complicaciones, como retinopatía diabética y problemas circulatorios y renales.

La obesidad

Una dieta incorrecta y una vida sedentaria hacen que muchas personas tengan un peso claramente superior al adecuado en proporción a la altura, según la escala de porcentaje. En muchos casos se llega a la obesidad, lo que representa un serio problema para la salud, puesto que las articulaciones y los huesos deben soportar una sobrecarga.

Así, por ejemplo, las vértebras, con el paso del tiempo, pueden llegar a aplastar los discos intervertebrales. A todo esto, debemos añadir un mayor esfuerzo del corazón, como consecuencia del aumento de la masa corporal.

El colesterol

Otro problema que últimamente se ha añadido a la panorámica de la relación dieta-salud es el del colesterol o, para ser más precisos, de los efectos relacionados con su acumulación en el organismo.

El depósito de grasas (y sobre todo de colesterol) en las paredes de los vasos sanguíneos los hace rígidos, reduciendo su elasticidad y fluidez. Esto, que ya es grave en los vasos sanguíneos periféricos, aún lo es más a nivel de la circulación coronaria y cerebral, donde el diámetro de las venas es más pequeño y fácilmente obstruible.

En consecuencia, los individuos con predisposición genética a padecer enfermedades cardiocirculatorias, con hipertensión o enfermedades cerebrovasculares, deben procurar mantener los valores de colesterol, sobre todo de las fracciones HDL-LDL, dentro de unos índices de normalidad; lo que quiere decir, básicamente, seguir dietas adecuadas.

Estudios realizados por distintos especialistas indican que la edad en la que los valores de colesterol son más altos es la comprendida entre los 40 y los 55 años en los hombres, mientras que en las mujeres el aumento se da después de la menopausia, cuando disminuyen los estrógenos y se interrumpe su función protectora.

El aumento de los porcentajes de colesterol y glucemia van ligados, con toda probabilidad, a las variaciones dietéticas, como demuestra el hecho de que en los períodos de fiesta, sobre todo en invierno, aumentan respecto a la media anual. Otro ejemplo lo encontramos en el hecho de que también la pertenencia a ciertos grupos étnicos con costumbres alimenticias comunes (por ejemplo, el uso de mantequilla en las regiones nórdicas) supone un aumento de los valores medios de la población.

SALUD Y DIETA: DOS CONCEPTOS IMPORTANTES

Basarse únicamente en el análisis de la relación entre costumbres alimenticias y la aparición de determinadas enfermedades significaría restringir el problema alimenticio a una sola dimensión.

Sería como decir que debe comerse correctamente con

la única finalidad de no enfermar. En realidad, no caer enfermo no significa siempre estar en perfectas condiciones. El concepto de salud no debe identificarse con la *ausencia de enfermedad*, sino con otro mucho más adecuado, que es el de *pleno bienestar del organismo*, y ésta es la condición a la que debemos encaminar nuestros comportamientos, sobre todo los alimenticios. Es cierto que el ritmo actual nos conduce hacia un estrés poco saludable; también es difícil sustraerse a la publicidad y, además, nuestras elecciones, están sin duda muy condicionadas pero a pesar de ellos no debemos sacrificar el placer de sentirnos en forma. Muchas de las alteraciones que consideramos inevitables debido a los tiempos en que vivimos, podrían evitarse fácilmente si nos ocupáramos más de nuestra alimentación.

La clásica somnolencia de después de comer puede vencerse sin necesidad de ingerir fármacos, así como también pueden evitarse el mal aliento, la pesadez de estómago y la hinchazón de la barriga, usando el buen sentido y siguiendo sencillas reglas alimenticias relacionadas con la combinación de los distintos alimentos en las comidas.

La digestión y la asimilación de los alimentos supone un trabajo para el organismo, a expensas de una determinada cantidad de energía.

Adoptar un régimen alimenticio que aligere al máximo la función del aparato digestivo significa disponer de más energía para destinar a otras actividades; supone mantenerse eficiente también en los momentos de la digestión, recuperar todo nuestro potencial de vitalidad. La manera cómo se asocian los diversos alimentos en la dieta es determinante para alcanzar estos objetivos. Combinar alimentos que presentan unas exigencias digestivas opuestas equivale a cargar con una dificultad más. ¿Es necesario todo esto?

Generalmente, la dietética clásica, no presta demasiada atención a este aspecto del problema alimenticio. Se preocupa justamente de proveer al organismo mediante la dieta de todas las sustancias necesarias, aunque a menudo olvida combinarlas adecuadamente para garantizar una rápida digestibilidad. En realidad no es difícil, como veremos, tener en cuenta ambas exigencias y, en definitiva, adecuar nuestros hábitos a los mecanismos fisiológicos del cuerpo.

DIGERIR BIEN PARA VIVIR MEJOR

Hambre y apetito

La cantidad de comida que ingerimos viene determinada principalmente por el hambre, una estimulación innata determinada por complejos mecanismos bioquímicos que se aplaca cuando se satisface esta necesidad de alimento. Por el contrario, el apetito puede definirse como una sensación agradable que sentimos al pensar, ver y comer un determinado alimento. En realidad, se trata de un fenómeno, por lo general, físico y mental ligado a la relación que un individuo tiene con la comida, con sus recuerdos alimenticios, con el momento psicológico que está atravesando.

Así pues, estos mecanismos son sistemas de regulación de gran importancia para el mantenimiento de un adecuado abastecimiento nutritivo del organismo. Veamos a continuación el recorrido que sigue la comida y los distintos objetivos que alcanzará una vez digerida.

La digestión

La constitución de los dientes es tal que permite una excelente masticación de la comida. Los anteriores (incisivos) son idóneos para cortar y los posteriores (molares), por el contrario, son adecuados para triturar. Todos los músculos de la mandíbula actúan juntos y pueden apretar con una fuerza que alcanza los 25 kg en los incisivos y aproximadamente 80 kg en los molares. Si consideramos esta fuerza aplicada a un objeto pequeño, como una minúscula semilla dispuesta entre los molares, la fuerza efectiva puede ascender hasta algunos miles de kg por cm^2.

La masticación es fundamental para la digestión de casi todos los alimentos, pero sobre todo en la fruta y otros vegetales crudos, dotados de una membrana no digerible de celulosa que rodea las partes nutritivas, y que debe romperse para que sus nutrientes puedan ser utilizados.

La masticación permite además una buena digestión de los alimentos por parte de las enzimas digestivas. Estas últimas, de hecho, actúan únicamente sobre la superficie de las partículas alimenticias transformando los distintos principios nutritivos. Así pues, la velocidad de la digestión está relacionada con la superficie total expuesta a la acción de las enzimas: cuanto más pequeñas sean las partículas de comida, mayor será la superficie de ataque de los jugos digestivos.

En la boca encontramos una primera enzima contenida en la saliva, la *ptialina*, que tiene la función específica de iniciar la digestión de los *almidones*.

La ptialina pierde la propia actividad digestiva cuando los alimentos (que ahora se denominan *bolo alimenticio*) alcanzan el estómago. Por consiguiente, cuando más tiempo permanecen los alimentos en la boca más fácilmente serán digeridos los almidones. No podemos olvidar que triturar bien los alimentos, hasta reducirlos a partículas muy pequeñas, evita irritaciones del tubo digestivo y facilita la evacuación del estómago en el intestino. De todo esto podríamos deducir una regla para una perfecta nutrición: comer despacio, masticando mucho.

De la boca pasamos al esófago y, una vez superado un estrechamiento denominado *cardias*, una válvula que evita que la comida vuelva a la boca, entramos en el estómago.

Aquí, la comida se dispone en capas concéntricas, mientras que las paredes ceden progresivamente, pudiendo almacenar una cantidad cada vez mayor de material alimenticio, hasta un volumen de aproximadamente 1 l. El interior del estómago tiene una acidez muy elevada debido a la presencia del jugo gástrico, rico en ácido clorhídrico, indispensable para las funciones digestivas y para activar las enzimas gástricas. La concentración del ácido viene determinada por distintos factores: algunos voluntarios (como cuando tomamos bicarbonato para reducir la acidez de estómago) y otros involuntarios como, por ejemplo, el tipo de alimento que comemos (la fruta, rica en azúcares, estimula la producción de ácido).

El jugo gástrico, sobre todo el producido por las glándulas próximas al intestino, está compuesto también por un moco (*mucina*) que sirve para evitar la autocorrosión de las paredes gástricas causada por el ácido. Una secreción ácida elevada, con el paso del tiempo, puede hacer inútil esta barrera y causar lesiones profundas (las famosas úlceras gástricas). La enzima más importante en el jugo gástrico es la *pepsina* que, en contacto con el ambiente ácido, se activa e inicia la acción digestiva de las proteínas, deshaciéndolas en partes más pequeñas.

En la parte terminal del estómago se producen unas ondas rítmicas (*ondas peristálticas*) causadas por la contracción de los músculos de la pared. Éstos hacen que el bolo, ahora convertido en *quimo*, sea más fluido, para poder pasar por el duodeno mediante una válvula llamada *píloro*.

Todos hemos notado otro tipo de ondas, llamadas *contracciones de hambre*, que aparecen cuando el estómago hace mucho tiempo que está vacío. Son contracciones rítmicas que pueden durar unos dos o tres minutos. Las contracciones de hambre son especialmente intensas en los jóvenes sanos y pueden ser muy fuertes hasta convertirse en auténticos dolores de hambre, cuando la concentración de azúcar en la sangre (la *glucemia*) es baja y su presencia es necesaria.

De todo esto podemos deducir otra regla sobre un comportamiento alimenticio correcto: saltarse la comida con dietas imprevistas obligados por las circunstancias no es saludable ya que, además de dolor, en algunos casos pueden darse desfallecimientos debido al escaso aporte de azúcares. Con sólo una fruta hay suficiente para llenarse el estómago y calmar los síntomas de hambre.

La presencia de grasas en el quimo tiende generalmente a reducir la movilidad (casi en un tercio). Esto asegura una permanencia de las grasas en el intestino delgado, lo que favorece su digestión. No obstante, este fenómeno prolonga la digestión, exige más sangre del estómago y genera la aparición de la somnolencia y pesadez de después de comer (que no se evita bebiendo café o, aún peor, licores y bebidas alcohólicas). La personas que tenga que conducir o desempeñar un trabajo que requiera una especial concentración, debería seguir una dieta pobre en grasas y alcohol.

En el duodeno se dan importantes acciones digestivas a expensas del páncreas y el hígado, que hacen llegar sus propios jugos a través de una serie de conductos.

La secreción pancreática

El jugo pancreático contiene enzimas para la digestión de las tres clases de alimentos: proteínas, carbohidratos y grasas.

La enzima proteolítica más importante es la *tripsina*, cuya función es dividir las proteínas enteras o parcialmente digeridas.

No obstante, existen otras enzimas que atacan las proteínas, como la *quemiotripsina*.

Para los carbohidratos, la enzima digestiva es la *amilasa pancreática*, que hidroliza los glúcidos complejos (almidón y glucógeno) y casi todos los otros carbohidratos, exceptuando la celulosa, que ya hemos visto que es digerible, y que únicamente forma escorias fibrosas, importantes sobre todo para aquellas personas que presentan una evacuación irregular o escasa. La digestión de las grasas es desempeñada por la *lipasa pancreática*, que hidroliza las grasas y forma glicerina y ácidos grasos. Las enzimas pancreáticas son inicialmente inactivas y sólo son activadas en el duodeno, para desarrollar su función digestiva.

El páncreas tiene otra función importante a parte de la meramente digestiva: una parte de esta glándula produce la *insulina*, una hormona fundamental para la regulación de la concentración de glucosa en la sangre.

La secreción hepática

Fundamentalmente, el hígado secreta de una manera continua la bilis, que se acumula en una especie de saco, la vejiga de la hiel. Ésta, estimulada por la presencia de la comida en el intestino, se comprime y envía la bilis al duodeno.

La bilis no contiene enzimas digestivas, aunque es de gran importancia en la digestión de las grasas, que son emulsionadas y transformadas en gotas que sí pueden ser digeridas por las *lipasas intestinales* y absorbidas, posteriormente, por el intestino.

La secreción intestinal

También el intestino delgado, sobre todo en las zonas próximas al duodeno (denominadas *yeyuno* e *íleon*), produce un jugo digestivo muy líquido y rico en enzimas que participan en la digestión completa de los principios nutritivos. Las paredes del intestino delgado están tapizadas por pequeñas excrecencias, las rugosidades intestinales, donde se realiza la absorción de los nutrientes descompuestos y el paso al flujo sanguíneo y linfático. Esta configuración interna de las paredes intestinales permite aumentar enormemente la superficie de contacto con el quimo, permitiendo la máxima absorción posible (la superficie totalmente extendida del intestino delgado de un hombre es de 5 a 6 m). El quimo es transportado a lo largo del intestino delgado por las ondas peristálticas, que lo empujan y remueven para facilitar la absorción. Generalmente, toda la parte correspondiente al intestino delgado se recorre entre tres y diez horas.

El último tramo del intestino, el grueso, tiene una forma de salchicha y siguiendo un recorrido no demasiado tortuoso, llega al esfínter anal. En el intestino grueso, nos encontramos con más rugosidades en las paredes y el *quilo* (así se denomina ahora) se concentra para formar la masa sólida fecal. Para conseguir esto el agua, junto con las sales minerales y algunas vitaminas hidrosolubles, son absorbidas por las paredes. En este tramo intestinal se encuentran también unos huéspedes involuntarios que nos acompañan prácticamente toda nuestra vida: la flora bacteriana. Estos microorganismos se nutren de nuestros excrementos y nos aportan una vitamina, la K, que rápidamente reabsorbemos. En el último tramo del grueso, el intestino recto, las heces se acumulan hasta que la necesidad de defecar nos obliga a vaciar el intestino.

II

LAS COMBINACIONES ALIMENTARIAS COMO FORMA DE BIENESTAR

La composición de los alimentos

LOS PRINCIPIOS NUTRITIVOS

Los alimentos en nuestro organismo desarrollan diversas funciones: producen la energía necesaria para nuestras actividades, tanto voluntarias (trabajo, movimiento) como involuntarias (respiración, latido cardiaco, etc.), que aportan el material necesario para el crecimiento y metabolismo de los tejidos corporales, y garantizan la presencia de algunas sustancias esenciales para el desarrollo normal de los procesos vitales.

FUNCIONES DE LOS ALIMENTOS

energética	energía mecánica para el movimiento; calórica para la regulación de la temperatura; química para las reacciones que se desarrollan en el interior del organismo
plástica	sustancias necesarias para el crecimiento y recambio de los tejidos
biorregularizadora	regulación de los procesos químicos vitales del organismo

Generalmente, los alimentos tienen una composición compleja, puesto que están constituidos por otras sustancias más simples, denominadas principios nutritivos, presentes en cada alimento en proporciones diversas. Los principios nutritivos son utilizados por el organismo de la manera más adecuada para el desarrollo de las distintas funciones. Cuando comemos, el aparato digestivo descompone los alimentos en sus constituyentes más simples, que posteriormente son asimilados por el intestino y transportados con la sangre a todas las células del cuerpo para ser transformados en nueva materia viviente, o bien degradados para obtener energía.

Los principios nutritivos contenidos en los alimentos son los *glúcidos* (denominados también azúcares o carbohidratos) y *lípidos* (grasas), las *proteínas*, las *vitaminas*, las *sales minerales* y el *agua*. Todos ellos son indispensables en tanto que cada uno desempeña una función determinada, y el organismo tiene que disponer de ellos en cantidad adecuada gracias a una dieta equilibrada.

Nos detendremos ahora en la especificidad de los distintos principios nutritivos, señalando la función y los alimentos que los contienen.

Las proteínas

Son los principales constituyentes de los tejidos corporales. Piel, músculos, órganos internos, sangre, huesos, e incluso anticuerpos, hormonas y enzimas, están formados por proteínas unidas a otras sustancias. Con la alimentación introducimos las proteínas que sirven para hacer crecer el organismo formando nuevos tejidos y para reparar y reintegrar las proteínas de los tejidos que están sometidos a una renovación continua. Es por lo que se dice de ellas que constituyen el material plástico del organismo.

Las proteínas están constituidas por compuestos más pequeños, los aminoácidos, que forman una cadena entre ellos. El organismo es capaz de sintetizar algunos aminoácidos, pero no todos. Hay unos, denominados aminoácidos esenciales, que son introducidos por fuerza con los alimentos, lo que provoca marcadas alteraciones.

Las proteínas están presentes tanto en los alimentos vegetales como en los animales. Las más ricas en aminoácidos esenciales se denominan también de alto valor biológico: éstas son sobre todo las proteínas de los alimentos de origen animal, que son las que más se asemejan a las del organismo humano. Las proteínas vegetales, contenidas en los cereales, legumbres, etc., se denominan, por el contrario, de bajo valor biológico puesto que no contienen todos los aminoácidos esenciales. La combinación de los distintos alimentos vegetales permite obtener integraciones beneficiosas y mantenerse en buena salud.

LOS AMINOÁCIDOS ESENCIALES

isoleucina	leucina	treonina
istidina	fenilalanina	valina
lisina	metionina	triptófano

Los lípidos (grasa)

Los lípidos son de gran importancia en la alimentación por diversas razones:

— tienen un poder calórico muy elevado (1 g de lípidos contiene 9 cal);
— constituyen las grasas de depósito que, si no se acu-

mulan demasiado, son la fuente más económica de combustible de reserva para el organismo;

— aportan sustancias indispensables, como los ácidos grasos esenciales y las vitaminas liposolubles (aquellas que se encuentran disueltas en las grasas);
— son constituyentes fundamentales de las células del cerebro y de todo el sistema nervioso;
— favorecen la sensación de saciedad.

Las grasas también pueden ser tanto de origen animal como vegetal. Es conveniente preferir el consumo de grasas vegetales y limitar las animales, puesto que estas últimas contienen colesterol en cantidades generalmente elevadas.

Los glúcidos (azúcares o carbohidratos)

Los glúcidos tienen en la dieta la función principal de suministrar energía de consumo rápido. Son las sustancias que el organismo más fácilmente transforma en calor y que, en consecuencia, utiliza preferentemente cuando tiene necesidad de ello. Un g de glucosa contiene aproximadamente 4 cal.

Los glúcidos están presentes sobre todo en los alimentos de origen vegetal; también en la leche y sus derivados. Por el contrario, están casi ausentes en carnes y pescados. Se distinguen los azúcares simples, como la fructosa (contenido en la fruta) y la sacarosa (de remolacha o de caña), de los complejos, constituidos a su vez por cadenas de azúcares simples unidos entre ellos.

El almidón, contenido en los cereales, legumbres y tubérculos en forma de gránulos, es un importante azúcar complejo. La celulosa también pertenece a este grupo de sustancias y, aunque nuestro organismo no es capaz de digerirla ni asimilarla, tiene una gran importancia porque estimula los movimientos intestinales. Un régimen alimenticio apropiado tiene que mantener una relación equilibrada y constante entre azúcares simples y complejos para que el organismo pueda beneficiarse de ellos sin sufrir un perjudicial desgaste hormonal o digestivo.

Las sustancias minerales

Son principios que, aunque en pequeñas cantidades, resultan indispensables para el organismo para desarrollar numerosas funciones. Citaremos algunas de las más importantes:

— el calcio (Ca) es constituyente fundamental de los huesos y los dientes, interviene en el mecanismo de contracción muscular, regula la excitabilidad del sistema nervioso y participa en la coagulación de la sangre;
— el hierro (Fe) actúa como medio de transporte de oxígeno en la sangre (ligado a la hemoglobina de los glóbulos rojos), haciendo más eficaz el mecanismo de la respiración;
— el sodio (Na) y el potasio (K) intervienen en la transmisión de los impulsos nerviosos;
— el yodo (I) es un componente importante de las hormonas producidas por el tiroides, indispensable para un perfecto desarrollo del cuerpo y de la inteligencia.

Muchas otras sustancias minerales presentes en el organismo tienen funciones importantes: el cloro, el cobre, el fósforo, el magnesio, el zinc, etc. Todos están presentes en diferente medida en los alimentos, tanto si éstos son de origen vegetal o animal y también, en cantidades muy reducidas, en el agua. Una dieta variada garantiza la consecución en el tiempo de cantidades suficientes de elementos minerales.

Las vitaminas

Son sustancias orgánicas fundamentales para la salud del cuerpo, en tanto que desarrollan un imporante papel en la regulación de muchos procesos vitales.

Se dividen en vitaminas liposolubles (A, D, E, K) y vitaminas hidrosolubles (B_1, B_2, B_6, B_{12}, PP, C, ácido fólico). Las primeras se encuentran disueltas en las grasas de los alimentos, mientras que las segundas lo están en su parte acuosa.

Están presentes tanto en los alimentos vegetales como en los animales, a menudo como precursores vitamínicos, es decir, sustancias que nuestro organismo transforma en vitaminas una vez ingeridas.

Los esquemas que siguen resumen las funciones y los síntomas de ausencia de cada vitamina concreta.

El agua

El agua es el medio ambiente donde viven las células del organismo y donde se desarrollan todos los procesos vitales. La vida es, pues, imposible sin agua y, aunque ésta no da energía, es suministrada cotidianamente en cantidad adecuada con la alimentación para mantener constante el equilibrio hídrico corporal.

En la parte dedicada específicamente a la bebida ampliaremos este tema; hay que tener en cuenta que, además de ser suministrada como tal o mediante la bebida, es muy importante también el consumo de alimentos que la contienen de una manera natural, sobre todo vegetales y fruta fresca.

denominación	*función*	*síntomas de carencia*	*alimentos que la contienen*
Vitamina A	Necesaria para un crecimiento y desarrollo normales. Interviene en la visión crepuscular y en el mantenimiento de una estructura normal de los distintos tejidos, sobre todo de los epitelios.	Velocidad de crecimiento reducida. Disminución de la capacidad visual a la luz crepuscular (hemeralopía). Flaqueza de los epitelios y lesiones oculares.	Aceite de hígado de pescado, hígado y riñones, vegetales, verduras y zanahorias, fruta, yema de huevo, mantequilla.
Vitamina D	Necesaria para una correcta utilización del calcio y el fósforo.	Raquitismo en individuos en época de crecimiento. Osteomalacia en el adulto.	Aceite de hígado, yema de huevo, leche.
Vitamina E	Actúa como antioxidante biológico y desarrolla indirectamente una acción antianémica.	Las posibles lesiones ante una ausencia de vitamina E han sido estudiadas sobre todo en animales de laboratorio. En la especie humana, en condiciones determinadas, se observa hemólisis oxidativa de los eritrocitos (glóbulos rojos).	Cereales integrales, yema de huevo, aceites no refinados, vegetales verdes, menudillos, alguna clase de pescado.
Vitamina K	Interviene en el proceso de coagulación de la sangre.	Retraso en el tiempo de coagulación. Facilidad para las hemorragias en el recién nacido y en las intervenciones quirúrgicas.	Vegetales verdes.

denominación	*función*	*síntomas de carencia*	*alimentos que la contienen*
Tiamina (Vitamina B_1)	Interviene en el metabolismo glucídico.	Retraso en el crecimiento. Falta de apetito. Alteraciones nerviosas e irritabilidad. Funciones intestinales dificultosas. Alteraciones cardiocirculatorias. Tendencia al cansancio. Beri-beri en los estadios más avanzados.	Cereales integrales, legumbres secas, hígado, carne de cerdo, frutos secos.
Riboflavina (Vitamina B_2	Interviene en la respiración celular y en la visión a plena luz.	Alteraciones cutáneas (comisuras de la boca, nariz) y en la lengua. Enrojecimiento de los ojos y fotofobia.	Menudillos, leche y quesos, huevos, legumbres.
Niacina (Vitamina PP)	Interviene en la respiración celular y en el metabolismo intermedio.	Alteraciones del aparato digestivo. Dermatitis. Depresión mental y estado de agitación. Pelagra en los estadios más avanzados.	Carnes y pescados, menudillos, frutos secos, cereales integrales, leche.
Folacina	Actúa en el transporte y utilización de fragmentos a cada átomo de carbono.	Particular tipo de anemia.	Hígado, riñones, verduras.

denominación	*función*	*síntomas de carencia*	*alimentos que la contienen*
Vitamina B_{12}	Interviene en el metabolismo intermedio. Esencial para las funciones normales de todos los tipos de células, sobre todo las células de la médula ósea, del sistema nervioso y del tubo digestivo.	Anemias con alteraciones nerviosas.	Hígado, riñones, carne, pescados, algunos derivados de la soja.
Vitamina C	Interviene en la síntesis del colágeno para la formación de la sustancia intercelular y en los procesos oxidorreductores a nivel celular.	Fragilidad capilar. Encías sangrantes. Alteraciones nerviosas. Retraso en la cicatrización de las heridas. Osificación anormal. Escorbuto en los estadios más avanzados.	Agrios, fruta fresca, hortalizas (especialmente, pimientos y tomates).

Funciones nutricionales de los alimentos

funciones — *principios nutritivos*

- proporcionan energía
- proporcionan el material para construir y renovar los tejidos
- regulan los procesos del organismo

- glúcidos
  - azúcares
    - azúcar
    - miel
    - jarabes
    - mermerladas
    - fruta dulce
  - sustancias amiláceas
    - harinas
    - pan
    - pasta
    - arroz
    - bizcochos
    - patatas
- lípidos
  - aceite
  - tocino y manteca de cerdo
  - panceta
  - mantequilla
  - margarina
  - frutos secos
- proteínas
  - quesos
  - carne y menudillos
  - moluscos y crustáceos
  - legumbres secas
  - huevos
  - leche
- minerales
  - calcio
    - queso
    - algunos pescados
    - leche
    - legumbres secas
    - frutos secos
    - algunas hortalizas
  - fósforo
    - cereales integrales
    - carnes
    - pescado
    - leche y queso
    - legumbres
    - huevos
  - hierro
    - menudillos
    - moluscos
    - legumbres secas
    - yema
    - cereales integrales
    - algunas hortalizas
    - carnes
- vitaminas
  - A_1
    - hígado
    - zanahorias
    - hortalizas verdes
    - mantequilla
    - yema
    - queso
  - B_1
    - carne magra de cerdo
    - menudillos
    - legumbres secas
    - frutos secos
    - cereales integrales
    - algunas hortalizas
  - B_2
    - hígado
    - leche y quesos
    - yema de huevo
    - legumbres secas
    - algunos pescados
  - C
    - hortalizas (tomates y pimientos, sobre todo)
    - agrios
    - fruta fresca, en general
  - D
    - pescados grasos
    - huevos
    - leche

LA CLASIFICACIÓN DE LOS ALIMENTOS

Los principios nutritivos están presentes en los alimentos en proporciones y cantidades muy diversas.

Por tanto, es posible subdividir los alimentos según su composición en nutrientes, agrupando los que son especialmente ricos en los mismos principios nutritivos.

El conocimiento de esta clasificación es importante, ya que permite construir la propia dieta con la seguridad de introducir todas las sustancias que necesita el organismo y permite, asimismo, evitar inadecuadas asociaciones de alimentos que, distintos por su composición, requieren mecanismos digestivos diferentes e incompatibles.

En el capítulo siguiente que trata de las asociaciones alimenticias, profundizaremos en las reglas que permiten una correcta combinación de los alimentos; en estas páginas presentamos las características de los distintos grupos de alimentos.

Los cereales y los productos que derivan de ellos constituyen el grupo más importante de alimentos amiláceos, esencialmente energéticos.

Nos referiremos especialmente a los derivados del grano y del arroz, puesto que creemos que aún es muy reducido el consumo de maíz, cebada, centeno y avena, mientras que en otros países su uso está más extendido.

Es aconsejable volver al uso de harinas integrales que, gracias al salvado que contienen, estimulan los movimientos intestinales y favorecen la defecación.

Es cierto que las harinas refinadas permiten una mejor digestión, pero también lo es que el refinado hace que pierdan componentes de gran valor, tales como sales minerales, vitaminas y salvado.

Los alimentos amiláceos

cereales	*derivados y productos de horno*	*tubérculos y fruta*
avena; farro; trigo duro; trigo tierno; maíz; mijo; cebada; arroz; centeno	galletas con mantequilla; galletas al huevo, galletas marías; galletas *wafers*; brioches; rosquillas; *cornflakes*; *crackers* salados; tarta con mermelada; harina de cebada; harina de maíz; harina de arroz; harina integral; harina tipo 0; harina tipo 00; láminas de bizcocho; copos de avena; copos de maíz; copos de arroz; grisines; pan con mermelada; bizcocho; pan rallado; pan 00 (50 g); pan con leche; pan integral; pan con aceite; pasta al huevo; pasta de sémola; pasta de gluten; pasta integral; pizza con tomate; pizza con tomate y mozzarella; sémola; tapioca; tarta margarita.	castañas frescas; castañas secas; harina de castañas; fécula de patatas; patatas

Los alimentos lipídicos

grasas de condimento	*alimentos ricos en grasas*
mantequilla; manteca de cerdo; margarina; aceite de oliva; aceite de girasol	aguacate; ensaladilla rusa; mahonesa; nuez de coco; aceitunas negras; aceitunas verdes; tocino; nata; patatas fritas

Son alimentos principalmente energéticos. Las grasas de condimento son utilizadas para enriquecer en olor y sabor las comidas. Las grasas, como ya se ha dicho, contienen vitaminas liposolubles; la de origen vegetal también contienen ácido linoleico y araquidónico, que son ácidos grasos esenciales. Estos ácidos grasos se denominan insaturados debido a su particular estructura química y parecen ejercer un positivo efecto para disminuir el nivel de colesterol si son consumidos crudos. Por el contrario, la mantequilla y otras grasas animales contienen ácidos grasos de diversa estructura que favorecen la aparición de la arteriosclerosis. El consumo de mantequilla y otras grasas animales va reduciéndose gracias al conocimiento, cada vez más extendido, de su acción perjudicial sobre las arterias.

Los alimentos proteínicos

Carnes, pescados, quesos y huevos son todos ellos alimentos muy ricos en proteínas y desarrollan una función plástica en el organismo. Su consumo depende en parte de consideraciones económicas, dado su coste generalmente elevado (exceptuando los huevos). No obstante, algunos tipos de carne y pescados (pollo, pavo, carne hervida, sardinas, anchoas) tienen costes bajos y un excelente valor nutritivo. Los alimentos proteínicos se diferencian también por su contenido en grasas. En relación con ello varían la digestibilidad, por un lado, y las características nutritivas y de combinación, por el otro. Recordemos que, en la carne de los animales, la grasa se encuentra en gran parte en la superficie, de manera que es posible eliminarla en parte durante la preparación. Por el contrario, en los pescados, la grasa está repartida por todo el cuerpo y no puede eliminarse directamente; asimismo, ésta contiene una mayor cantidad de ácidos grasos poliinsaturados y la digestión es más rápida en los pescados que en la carne, gracias a su menor contenido de tejido conectivo.

Como alimento proteínico, el huevo tiene un alto valor nutritivo, ya que sus proteínas son las que presentan un valor biológico más elevado. También es rico en vitamina A, carotenos (que confieren el color amarillo a la yema) y ácido fólico.

En las carnes magras, el contenido de vitaminas liposolubles es modesto. Éstas se encuentran en abundancia en el hígado de animales y pescados (especialmente, vitaminas A y D).

También los quesos, derivados de la leche, son una excelente fuente proteínica; de coste generalmente inferior a la carne, proporcionan además de las proteínas, lípidos y sales minerales (sobre todo calcio).

Alimentos proteínicos grasos

carnes frescas y conservadas	*pescados*	*quesos*	*fruta aceitosa*[1]	*huevos*
cordero graso; pato; bovino; adulto graso; capón; carnero graso; sesos de bovino; chicharrones; conejo graso; salchichón; bistec; salchichas; gallina; lengua de bovino; cerdo graso; mortadela; oca; oveja; pichón adulto; jamón cocido; jamón curado; salchichón porcino-bovino; salchicha porcino-bovina; salchicha de porcino fresca; salchicha de porcino seca; ala de pavo; muslo de pavo; ternera grasa; salchicha de frakfurt; salazones	anchoas en aceite; anguila de río; anguila de mar; arenque ahumado; arenque salado; bastoncitos de pescado; capitón; salmón fresco; sardinas en aceite; caballa en aceite; caballa; atún; atún en aceite	Burgos; Burriana; beyusco; cabrales; Cebrero; camerano; Castillblanco; emmental; gruyère; Mahón; manchego; Morella; parmesano; roquefort; roncal; Sant Simón; teta gallega; Villalón o pata de mulo	cacahuetes tostados; almendras dulces y secas; avellana, nueces frescas; nueces secas; piñones	yema clara

1. Los frutos secos se incluyen entre los alimentos proteínicos grasos por su aporte proteínico porcentualmente similar al de la carne. No obstante, cabe observar que contienen una cantidad de lípidos particularmente elevada.

Alimentos proteínicos magros

carnes frescas y conservadas	*pescados y moluscos*	*quesos*
cordero magro (muslo); bovino adulto magro; carne de ternera ahumada; cabrito; gamo; carnero magro; corazón de buey; faisán; pintada; hígado de buey; hígado de pollo; hígado de cerdo; menudillos de conejo; cerdo magro; paloma joven; pollo; jamón magro; codorniz; riñones de buey; menudillos de pollo; pecho de pavo; tordo; tripa de buey; ternera; ternera (de más de un año) magra	anchoa; aguja; langosta; almejas; bacalao remojado; bacalao seco; barbo; boga; calamar; almeja; mejillón; carpa; róbalo mújil; dentón; dátiles de mar; gambas; bogavantes; merluza; morena; dorada; ostras; rana marina; raya; rodaballo; salpa; sargo; escorpina negra; sepia; lenguado; lobina; pejepalo; esturión; tenca; trimielga; salmonete	queso de Mahón; queso de Burgos; edam fresco; flor de leche; mozzarella; queso de bola; requesón magro; requesón fresco de vaca; requesón entero

Las legumbres

garbanzos secos; alubias; alubias secas; harina de garbanzos; habas; habas secas; lentejas; altramuces; guisantes frescos; guisantes secos; guisantes congelados

Las legumbres secas tienen un alto contenido proteínico además de amiláceo, hasta el punto de que las alubias se denominaron durante un tiempo la carne de los pobres. En las legumbres frescas, dichas sustancias se reducen aproximadamente a la mitad por la presencia de agua. Son ricas en fósforo, calcio, hierro, cobre y vitaminas del grupo B. La ausencia de algunas proteínas en legumbres determinadas, puede compensarse mediante combinaciones adecuadas. Algunas manipulaciones son útiles en la fase de preparación para garantizar una mejor digestibilidad de estos alimentos; particularmente es aconsejable quitarles la piel exterior, que podría provocar fermentaciones intestinales, nocivas y molestas.

La leche

Es un alimento de gran valor nutritivo, especialmente útil para el crecimiento, dado su contenido de proteínas completas, de sales minerales (contiene mucho calcio y es pobre en hierro) y de vitaminas, exceptuando la C.

Debería consumirse en todas las edades. En España la leche ha sido considerada durante mucho tiempo como alimento de los niños y enfermos, lo que limitó su consumo, que ahora ha aumentado notablemente. Esto es debido, entre otras cosas, a los modernos métodos de tratamiento (en particular, la pasteurización) que, asegurando una higiene perfecta, conservan las cualidades organolépticas del producto y su contenido vitamínico.

La fruta

Debemos distinguir entre fruta fresca y seca, de la que ya hemos hablado al tratar de los alimentos proteínicos ricos en grasas.

La fruta fresca, en general, está constituida esencialmente por agua, contiene muy pocas proteínas y carece prácticamente de lípidos. Sin embargo, presenta un alto contenido en azúcares y, sobre todo, de vitaminas hidrosolubles, lo que la convierte en un elemento importante en la dieta cotidiana. Algunas frutas contienen sustancias con actividad enzimática, que facilitan la digestión de otros alimentos (es el caso, por ejemplo, de la piña y la papaya, en los límites de las proteínas). Para una correcta combinación alimenticia debemos considerar siempre el contenido de sustancias ácidas en la fruta.

fruta ácida	*fruta ácido-azucarada*	*fruta azucarada*	*fruta neutra*	*fruta seca*
piña; naranja; limón; mandarinas; tomate; pomelo; zumo de naranja; zumo de limón; zumo de pomelo	albaricoque; guindas; piña en almíbar; cerezas; fresas; guayaba; kiwi; frambuesa; granada; manzana; moras; níspero; pera; melocotón; ciruelas; zumo de albaricoque	albaricoque en almíbar; plátanos; caqui; dátiles; higos chumbos; mango; papaya; uva	sandía; melón	higos secos; pasas; moras

Las verduras

Se trata también de un grupo compuesto, ya que comprende las hortalizas de hoja y de fruto, los tubérculos, bulbos, raíces, etc.

En general, se caracterizan por un lado por el bajo contenido en proteínas y la ausencia de lípidos y, por el otro, por la riqueza en sales minerales, vitaminas hidrosolubles y fibra. Estas características las convierten en un grupo fundamental para nuestra dieta. El consumo de verduras —preferiblemente crudas, para poder utilizar plenamente sus nutrientes— debería ser una constante en nuestras constumbres alimenticias.

Para una combinación correcta es conveniente subdividir las verduras según su contenido en glúcidos (sobre todo, almidón).

verduras medianamente ricas en glúcidos	*verduras poco ricas en glúcidos*
ajo; espárragos; remolacha roja; zanahorias; col de Bruselas; brécol; pepinillos en vinagre; achicoria; cebolla; cebolleta; pimiento rojo y verde; puerro; nabo; apio; espinacas; col; calabaza	acelgas; nabiza; alcachofa; alcachofa en aceite; cardo; repollo; coliflor; pepino; judía verde; hinojo; setas comestibles; endibia; lechuga; berenjena; achicoria roja; achicoria verde; rábanos; apio; calabacines

Los azúcares industriales

cacao dulce; confites; chocolate con leche; chocolate para fundir; helados; granizado de limón; mermeladas merengue; turrón; azúcar

Tienen una función exclusivamente energética. En general, se digieren rápidamente, aunque no es recomendable su consumo frecuente. En efecto, si se ingieren a menudo desequilibran el aporte calórico de la dieta y, además, dado el fuerte poder adhesivo de algunos de estos alimentos, favorecen la aparición de la caries dental. Bajo un perfil nutricional son preferibles como dulcificantes los azúcares que no han sufrido un proceso de refinado.

Compatibilidades e incompatibilidades alimentarias

EL SIGNIFICADO DE LAS ASOCIACIONES ALIMENTARIAS

No todos los alimentos son digeridos del mismo modo y con el mismo tiempo: ésta es la cuestión fundamental que hay que tener presente al establecer una dieta propia.

En la parte dedicada a la fisiología de la digestión, hemos visto como ésta se realiza mediante determinadas sustancias, denominadas enzimas, que descomponen los alimentos en sus constituyentes principales. En el organismo actúan muchas enzimas digestivas y su elevado número es debido a que cada una de ellas es específica para una determinada sustancia.

Así, las enzimas denominadas *amilasas* actúan sobre los almidones, los *lipídicos*, sobre las grasas, los *proteínicos*, sobre las proteínas, y así sucesivamente. Cada enzima precisa de unas determinadas condiciones de acidez del ambiente para actuar con eficacia: algunas enzimas, como la *ptialina*, funcionan en ambiente alcalino; otras, como la *pepsina*, requieren por el contrario un ambiente ácido.

Cuando ingerimos un alimento, nuestro organismo crea localmente (en la boca, el estómago, los intestinos) las condiciones ideales de acidez para favorecer la actividad de las enzimas más adecuadas. No obstante, si se asocian durante la comida alimentos con diferentes exigencias digestivas, e incluso opuestas, no puede darse esta situación y el resultado es una digestión lenta y dificultosa, que comporta problemas de somnolencia, ardor, síntomas de pesadez, hinchazón y otros derivados de éstos.

En la actualidad estamos, desgraciadamente, acostumbrados a aceptar como inevitables estas alteraciones producidas, en realidad, por malos hábitos alimentarios que, por otro lado, no son difíciles de modificar.

Establecer una dieta propia, según las normas correctas de las asociaciones alimenticias, quiere decir intentar combinar en las comidas alimentos que requieren unas condiciones digestivas similares para simplificar al máximo el trabajo del organismo y evitar que reste energía a otras actividades para destinarla a las funciones digestivas.

Naturalmente, podrá saltarse alguna vez la regla, sin que esto sea una tragedia; las combinaciones desaconsejadas no presentan consecuencias dramáticas si no se convierten en una costumbre consolidada.

Seguir las normas combinatorias no quiere decir renunciar al placer de la comida, sino considerarla como forma de disfrutar, mediante la alimentación, del placer impagable de sentirse bien.

En las reacciones a la ingestión de comida entran también en juego factores personales relacionados con el estado de salud, el propio potencial de energía y la propia sensibilidad.

Todo esto determina un cierto margen de variabilidad subjetiva, por lo que podrá darse que combinaciones desaconsejables para muchos sean, por el contrario, toleradas por algunos y que otras, consideradas neutras, deban ser evitadas categóricamente por aquellas personas que presenten una sensibilidad especial hacia ellas.

Esto es también una invitación a asumir un papel activo ante la elección de la propia dieta alimenticia.

CÓMO ASOCIAR ENTRE SÍ LOS DISTINTOS GRUPOS DE ALIMENTOS

En este apartado trataremos de forma breve algunas de las asociaciones que más frecuentemente causan problemas de digestión y que, en consecuencia, deben evitarse.

Asociación de alimentos proteínicos y amiláceos

El almidón, contenido sobre todo en los cereales y alimentos derivados de éstos (pan, pasta, etc.) inicia su digestión en la boca, mediante la ptialina contenida en la saliva. Esta enzima, que descompone el almidón en sus constituyentes azucarados más simples, es activa en un ambiente alcalino. Cuando el bolo deglutido llega al estómago, se produce inicialmente un jugo ligeramente ácido que permite que la actividad enzimática de la ptialina continúe durante un tiempo suficiente. Seguidamente, la acidez gástrica aumenta para que la fracción proteínica pueda ser digerida.

El proceso digestivo relacionado con las proteínas es, por el contrario, diferente. Éstas no son atacadas por la ptialina y su digestión se inicia sólo en el estómago, mediante la pepsina, enzima gástrico activo en ambiente ácido.

Si se come un alimento proteínico, el organismo predispone rápidamente el estómago para su digestión mediante la producción de ácido clorhídrico.

La ingestión de alimentos proteínicos y amiláceos durante una misma comida hace que la digestión de estos últimos sea difícil debido a la imposibilidad de la ptialina de encontrar un ambiente en su grado justo de acidez.

Combinación de distintos alimentos proteínicos

Como ya hemos dicho, carne, queso, huevos y pescado son alimentos caracterizados por un elevado contenido proteínico. Cada uno de ellos presenta unas exigencias digestivas específicas y el organismo es capaz de producir jugos gástricos con una composición diferente según la clase de alimento ingerido.

Es aconsejable no consumir al mismo tiempo alimentos proteínicos de distinto tipo. Especialmente en la leche y algunos de sus derivados, existen contraindicaciones específicas al asociarse con carne y embutidos. En efecto, en el estómago, la leche coagula en copos que se disponen alrededor de las partículas de carne, impidiendo su correcta digestión.

Combinación de alimentos amiláceos con sustancias ácidas

De todo lo que hemos dicho a propósito de la importancia de la ptialina en la digestión de los almidones, se puede deducir fácilmente que conviene no ingerir al mismo tiempo unos alimentos ácidos que inhibirían esta enzima. Este principio sirve también para las bebidas ácidas, que deben evitarse durante comidas amiláceas (el vino, sobre todo el blanco, acompañando pasta o arroz).

Combinaciones de alimentos proteínicos con alimentos ácidos

Aunque pueda parecer un contrasentido, puesto que las proteínas se digieren en ambiente ácido, es conveniente no asociar alimentos proteínicos y alimentos ácidos. Éstos, debido a su acidez, podrían inhibir las secreciones gástricas, dado que el estómago, estando ya ácido por el efecto de los alimentos ingeridos, sería poco estimulado a producir el ácido clorhídrico indispensable para activar la pepsina.

Combinación de alimentos proteínicos y con grasas

Las grasas inhiben las secreciones gástricas y reducen la movilidad del estómago. Su consumo representa un claro obstáculo para la digestión correcta de los alimentos proteínicos que sean ingeridos junto con ellos.

Combinación de azúcares simples con alimentos amiláceos o proteínicos

Los azúcares simples, como la sacarina común, pasan rápidamente a través del tubo digestivo y son rápidamente asimilados. Ingerirlos con alimentos que requieran una digestión más laboriosa presupone aminorar su paso, con el riesgo de fomentar procesos fermentativos perjudiciales. Además de esto, los azúcares simples inhiben directamente la secreción de la ptialina y la producción de jugos gástricos, causando una dificultad posterior en la digestión de los almidones o las proteínas.

No a la fruta despúes de las comidas

Todo lo dicho a propósito de los azúcares también sirve para la fruta, que merece una mención particular debido a la costumbre muy extendida de consumirla después de la comida. Se trata de un grave error porque, dada su composición simple, los azúcares que contienen se asimilan muy rápidamente, por lo que ingerirla después de una comida abundante implica dificultar su paso por el tubo digestivo y su absorción intestinal.

TABLA DE COMBINACIONES

Resumimos a continuación los esquemas básicos que, de acuerdo con las teorías del conocido médico francés Désiré Mérien, permiten una combinación correcta de los dinstintos grupos de alimentos.

alimento	*combinaciones aconsejadas*	*combinaciones desaconsejadas*	*combinaciones neutras*
fruta ácida	fruta ácida, fruta-ácido azucarada	azúcares industriales, almidones, legumbres, proteínas grasas, leche, lípidos, verdura medianamente viva en glúcidos, sal	fruta azucarada, frutos secos, fruta neutra, miel, proteínas magras, verdura poco rica en glúcidos, agua
fruta-ácido azucarada	fruta ácida, fruta ácido-azucarada, fruta azucarada, frutos secos, miel, proteínas magras	azúcares industriales, almidones, legumbres, proteínas grasas, leche, lípidos, verdura medianamente viva en glúcidos, sal	fruta neutra, verdura poco rica en glúcidos, agua
fruta azucarada	fruta ácido-azucarada, fruta azucarada, frutos secos, miel, proteínas magras	almidones, legumbres, proteínas grasas, leche, verdura medianamente rica en glúcidos, sal	fruta ácida, fruta neutra, azúcares industriales, lípidos, verdura poco rica en glúcidos, agua

alimento	*combinaciones aconsejadas*	*combinaciones desaconsejadas*	*combinaciones neutras*
frutos secos	fruta ácido-azucarada, fruta azucarada, frutos secos, miel, proteínas magras	almidones legumbres, proteínas grasas, leche, verdura medianamente rica en glúcidos, sal	fruta ácida, fruta neutra, miel, azúcares industriales, lípidos, verdura poco rica en glúcidos
fruta neutra	fruta neutra	almidones, legumbres, proteínas grasas, leche, lípidos, verdura medianamente rica en glúcidos, sal	fruta ácida, fruta ácido-azucarada, fruta azucarada, fruta seca, miel, azúcares industriales, proteínas magras, verdura poco rica en glúcidos, agua
miel	fruta ácido-azucarada, fruta azucarada, miel	almidones, legumbres, proteínas grasas, leche, verdura medianamente rica en glúcidos, sal	fruta ácida, frutos secos, fruta neutra, azúcares industriales, proteínas magras, lípidos, verdura poco rica en glúcidos, agua
azúcares industriales	azúcares industriales, agua	fruta ácida, fruta ácido-azucarada, almidones, legumbres, proteínas grasas, leche, verdura medianamente rica en glúcidos, sal	fruta azucarada, frutos secos, fruta neutra, miel, proteínas magras, lípidos, verdura poco rica en glúcidos

alimento	*combinaciones aconsejadas*	*combinaciones desaconsejadas*	*combinaciones neutras*
almidones	almidones, verdura poco rica en glúcidos, verdura medianamente rica en glucidos	fruta ácida, fruta ácido-azucarada, fruta azucarada, frutos secos, fruta neutra, miel, azúcares industriales, proteínas magras, leche, sal	legumbres, proteínas grasas, lípidos, agua
legumbres	legumbres, verdura poco rica en glúcidos	fruta ácida, fruta ácido-azucarada, fruta azucarada, frutos secos, fruta neutra, miel, azúcares industriales, leche, almidones, legumbres, leche, sal	almidones, proteínas magras, proteínas grasas, lípidos, verdura medianamente rica en glúcidos, agua, sal
proteínas magras	fruta ácido-azucarada, fruta azucarada, frutos secos, proteínas magras, verdura poco rica en glúcidos		fruta ácida, fruta neutra, miel, azúcares industriales, proteínas grasas, lípidos, verdura medianamente rica en glúcidos, agua, almidones, legumbres, proteínas magras, proteínas grasas, lípidos, agua
proteínas grasas	verdura poco rica en glúcidos, verdura medianamente rica en glúcidos	fruta ácida, fruta ácido-azucarada, fruta azucarada, frutos secos, fruta neutra, miel, azúcares industriales, leche , sal	

alimento	*combinaciones aconsejadas*	*combinaciones desaconsejadas*	*combinaciones neutras*
eche	leche, agua	fruta ácida, fruta ácido-azucarada, fruta azucarada, frutos secos, fruta neutra, miel, azúcares industriales, almidones, legumbres, proteínas magras, proteínas grasas, lípidos, verdura poco rica en glúcidos, verdura medianamente rica en glúcidos, sal	pan
pidos	verdura poco rica en glúcidos, verdura medianamente rica en glúcidos	fruta ácida, fruta ácido-azucarada, fruta neutra, leche, sal	fruta azucarada, frutos secos, miel, azúcares industriales, almidones, legumbres, proteínas magras, proteínas grasas, lípidos, agua
erdura poco rica n glúcidos	almidones, legumbres, proteínas magras, proteínas grasas, lípidos, verdura poco rica en glúcidos, verdura medianamente rica en glúcidos, agua	leche	fruta ácida, fruta ácido-azucarada, fruta azucarada, frutos secos, fruta neutra, miel, azúcares industriales, sal
erdura mediana- ente rica en glú- dos	almidones, proteínas grasas, lípidos, verdura poco rica en glúcidos, verdura medianamente rica en glúcidos	fruta ácida, fruta ácido-azucarada, fruta azucarada, fruta seca, fruta neutra, miel, azúcares industriales, leche	

LA BEBIDA

El hombre tiene necesidad vital de agua. Este elemento, que es la base de todas las bebidas comunes, desarrolla numerosas funciones indispensables para nuestra salud. El agua disuelve y transporta (a través de la sangre) un gran número de sustancias nutritivas que tienen que alcanzar todas la células del cuerpo. La sangre es siempre el medio de transporte de las sustancias desechables que son eliminadas mediante la orina y el sudor. La producción de sudor, además de eliminar las toxinas del cuerpo, regula también la temperatura corporal, un mecanismo que permite el funcionamiento óptimo de todas las reacciones que se dan en el organismo.

La cantidad diaria necesaria de agua para un hombre adulto, en condiciones normales, es de 2,5 a 3 l. Ésta proviene de los alimentos (especialmente fruta y hortalizas) y de la bebida.

El agua potable es la bebida más idónea de todas; refresca, quita la sed y no aporta caloría alguna. Desgraciadamente, en la actualidad, el agua comunitaria —denominada potable— contiene numerosas sustancias extrañas, ya sea debido a los residuos de la potabilización (cloro) o bien a la contaminación ambiental. Para beber agua limpia es, por consiguiente, necesario depurarla (incluso con filtros de uso doméstico), o bien decidirse por el consumo de aguas minerales. Existen en el mercado distintos tipos de aguas minerales, algunas de las cuales poseen propiedades terapéuticas, con efectos beneficiosos sobre el organismo (aguas diuréticas, sulfuradas, ferruginosas, fluorhídricas, etc.); de todas éstas, son preferibles las oligominerales (con bajo contenido salino) y sin gas (anhídrido carbónico). Son también válidas, por el efecto beneficioso que ejercen sobre el aparato digestivo, las tisanas, ricas en principios activos de origen vegetal. Los zumos y néctares de fruta deben considerarse más bien alimentos líquidos que bebidas. Con un discreto contenido calórico, salino y vitamínico son casi unas comidas líquidas que pueden tranquilamente sustituir un desayuno o una merienda.

Por su composición desequilibrada (prevalentemente azucarada), las colas y bebidas de fantasía sin alcohol no son muy indicadas como bebidas; no quitan la sed y favorecen la caries dental.

Más alimento que bebida es también la leche, ya que su composición en nutrientes, casi completa, la convierte en un alimento sustancioso e indispensable para la alimentación de los niños en su primera infancia.

El vino y la cerveza, las bebidas alcohólicas más comunes, deberían ser limitadas o, aún mejor, eliminadas. El motivo de tanta severidad está relacionado con el efecto del alcohol sobre el sistema nervioso, por un lado, y la acidez de este tipo de bebidas. Debido a su acidez, el vino, por ejemplo, no se presta a acompañar comidas amiláceas (pasta, arroz), sino únicamente las proteínicas (carne, pescado, huevos). La cerveza, menos ácida y más alcohólica, es más tolerada con alimentos amiláceos (arroz y pizza). Cabe tener presente que el lúpulo, que confiere el sabor amargo a la cerveza, produce también un ligero efecto soporífero y origina una cierta somnolencia después de las comidas. Los superalcoholes no forman parte, decididamente, de las bebidas aconsejadas.

Beber mientras se está comiendo no es una buena costumbre. En efecto, la introducción de líquidos junto con los alimentos comporta una menor masticación y, consecuentemente, un menor desmenuzamiento y una menor salivación. La primera fase digestiva, la oral, se reduce decisivamente y los alimentos amiláceos no son adecuadamente atacados por las enzimas de la saliva. Además, las bebidas alcanzan rápidamente el estómago donde, disolviendo los jugos gástricos, hacen más lenta la acción digestiva. El agua contenida en abundancia en las verduras y en las comidas hervidas en general es suficiente para disolver los distintos principios nutritivos y dar la fluidez justa a los bocados ingeridos. En caso de que el alimento sea particularmente seco, beber con moderación no comprometerá la digestión. En conclusión, es mejor beber entre comidas o antes de empezar a comer. Dos vasos de agua por la mañana, o en cualquier momento del día, garantizan un perfecto equilibrio hídrico y, antes de las comidas, desarrollan también un efecto de saciedad que disminuye el síntoma de hambre.

III

DIETÉTICA PRÁCTICA

La dieta personal

LA ENERGÍA PARA VIVIR

Los alimentos consumidos desempeñan la misma función que la gasolina para el automóvil: mezclado con el oxígeno y posteriormente quemado (más técnicamente, oxidado) produce energía. Esta reacción química fundamental, que en un motor de explosión se da en el cilindro, en el cuerpo humano se efectúa en cada célula, aunque con intensidad diversa (cuanto mayor es la energía en el tejido muscular, menor lo es en el tejido cutáneo).

En otras palabras, nuestra «gasolina» alimenticia, la glucosa, reacciona con el oxígeno transportado por la sangre en cada célula del cuerpo, liberando energía. La energía que se desarrolla por la combustión de los alimentos es de tipo químico (como en el caso de la gasolina); es decir, deriva de la transformación de sustancias energéticas en sustancias pobres en energía. Lo mismo sucede, por ejemplo, en la combustión del papel; éste, que proviene de la elaboración de la celulosa, es un material muy energético, ya que puede reaccionar con el oxígeno del aire y quemarse liberando energía en forma de luz y calor. Las cenizas y el anhídrico carbónico que se obtiene de la combustión del papel son energéticamente pobres ya que han perdido toda la energía que poseían.

A diferencia del motor de explosión del automóvil, que libera rápidamente su energía transformándola en movimiento mecánico de las ruedas y en calor, nuestro organismo no utiliza inmediatamente toda la energía derivada de la combustión de los alimentos. Si fuera así, una vez agotada la carga contenida, por ejemplo, en un panecillo, nos detendríamos. El cuerpo humano, como todos los organismos vivientes, tiene la capacidad de almacenar la energía que no utiliza de inmediato en forma de sustancias de reserva (grasas o lípidos), que podrán ser utilizadas después, cuando sean necesarias. Este delicado y prodigioso mecanismo bioquímico nos permite no tener que estar continuamente comiendo para tener el combustible vital, aunque sí «llenar» de vez en cuando (generalmente tres veces al día) o bien resistir, con las reservas adquiridas, durante un tiempo de ayuno largo sin necesidad de bloquear las funciones biológicas fundamentales.

LAS NECESIDADES HUMANAS

Para vivir y mantener el estado de salud y de bienestar, el organismo debe satisfacer unas determinadas exigencias *energéticas* y *plásticas*. Las necesidades energéticas implican el funcionamiento vital de base, por un lado, y el desarrollo de las actividades denominadas trabajo. Las exigencias plásticas comprenden el aumento de los tejidos del organismo en unos determinados períodos de la existencia (infancia, embarazo) y el recambio y renovación de los tejidos que se desgastan (cabellos, uñas, sangre, piel, etc.). Así pues, la alimentación debe satisfacer tanto cuantitativamente (energía) como cualitativamente (tipo de alimentos) las necesidades corporales: la *necesidad energética* y las *necesidades plásticas*.

La necesidad energética

La cantidad de alimentos introducida en nuestro cuerpo se mide en calorías (kcal o cal). Una caloría representa la cantidad de calor necesaria para llevar un litro de agua destilada de 14,5° a 15,4 °C a presión atmosférica. Gran parte de la alimentación sirve para producir energía, que es empleada para los siguientes objetivos:

— metabolismo de base;
— regulación térmica;
— acción dinámica específica de los alimentos;
— trabajo.

Metabolismo de base. El metabolismo de base corresponde a la necesidad energética de un organismo en estado de absoluto reposo físico y mental en ayuno de doce horas a una temperatura ambiente comprendida entre los 28 °C y 31 °C (temperatura de neutralidad térmica). Es la energía necesaria para que el organismo se mantenga con vida; es decir, para el desarrollo del trabajo de las células y los órganos (corazón, pulmones, hígado, glándulas) que funcionan independientemente de nuestra voluntad. El valor del metabolismo de base no es igual para todas las personas, sino que varía, no sólo en función de las dimensiones corporales, sino también de otros factores, como son:

— la edad;
— el sexo;
— la raza;
— el clima;
— el embarazo y la lactancia;
— el entrenamiento muscular;
— la toma de determinados fármacos o sustancias excitantes (cafeína, teína, etc.);

— el funcionamiento de las glándulas endocrinas (por ejemplo, el tiroides).

Regulación térmica. El cuerpo humano, como el de todos los mamíferos, tiene una temperatura interna aproximadamente de 37 °C que intenta mantener constante oponiéndose a las variaciones externas. Si la temperatura exterior desciende, el organismo tiene que consumir más energía para conservar la propia temperatura; cuando, por el contrario, hace mucho calor, se activan unos determinados mecanismos (sudor, etc.) para no elevar el valor térmico de nuestro cuerpo.

ADS (acción dinámica específica de los alimentos). Es el gasto de energía que se da durante la asimilación y la posterior transformación de los principios nutritivos por parte del organismo. Se trata de la energía que consumimos para transformar los diversos alimentos en sustancias útiles para el funcionamiento de nuestro cuerpo (por ejemplo si comemos fruta, nuestro organismo tendrá que transformarla en glucosa, consumiendo energía; si, por el contrario, consumimos directamente glucosa, esta reacción no es necesaria). La ADS es muy alta en las proteínas y más bien baja en los carbohidratos y lípidos.

Trabajo. El desarrollo de cualquier trabajo físico o mental implica un consumo energético que depende de la intensidad y el tiempo de duración del esfuerzo.

La necesidad calórica debe ser satisfecha por todos los principios nutritivos de una forma equilibrada:
— las proteínas son consumidas diariamente en una cantidad de 0,81 g por kg de peso corporal ideal; las proteínas proporcionan unas 4 kcal por g;

— cada g de lípidos proporciona unas 9 kcal;
— por 1 g de glúcidos, se obtiene unas 4 kcal.

Las necesidades plásticas

Las necesidades plásticas, es decir, la construcción de nuevos tejidos y el recambio de los desgastados, son cubiertas principalmente por las proteínas (es especial, por las partes más simples que las constituyen, los aminoácidos, sobre todo los esenciales) y por algunas sales minerales como el calcio y el fósforo (necesarias para la calcificación ósea).

Como ya hemos dicho en el apartado sobre principios nutritivos, las vitaminas, la mayor parte de las sales y el agua ejercen una función reguladora y equilibradora; éstas intervienen en muchas reacciones celulares, haciéndose indispensables para el buen funcionamiento del organismo.

LA SUBDIVISIÓN DE LOS NUTRIENTES DURANTE EL DÍA

El primer requisito para una alimentación sana es proporcionar los elementos nutritivos y la energía necesaria y suficiente en cantidades equilibradas y según una distribución fisiológica a lo largo del día. Al mismo tiempo, como segundo requisito, el régimen alimenticio correcto no debe ser el simple resultado de un cálculo de calorías, proteínas, lípidos y glúcidos, sino que tiene que satisfacer completamente los gustos personales.

Desde un punto de vista estrictamente dietético, la ración alimenticia cotidiana, para ser correcta, debe garantizar un aporte calórico adecuado distribuido en los principales nutrientes de una forma equilibrada.

Los glúcidos tienen que cubrir aproximadamente entre el 55 y el 60 % de la necesidad energética global de la jornada; los lípidos, entre el 28 y el 30 %, y las proteínas, el restante de 12 a 15 %. Por ejemplo, para un hombre adulto de 35 años, de peso y estatura media (170 cm y 65 kg, respectivamente) que desarrolla un trabajo sedentario, como puede ser el de un oficinista, el nivel energético recomendado será de 2.700 kcal para las 24 horas.

Calorías totales de la jornada	2.700
Calorías derivadas de las proteínas	324
Calorías derivadas de los lípidos	756
Calorías derivadas de los glúcidos	1.620

El dietista profundiza aún más, especificando que la cuota de glúcidos debe ser satisfecha en un 75 % por polisacáridos (almidón) y sólo en un 25 % por azúcares simples (glucosa, sacarosa, lactosa, etc.). De 100 g de proteínas, 60 deben ser de origen vegetal (pasta, legumbres, etc.). El consumo de grasas vegetales debe superar en mucho el de las grasas de origen animal. Además no debe faltar un aporte cotidiano adecuado de fibra vegetal (unos 30 g/día) para favorecer la evacuación intestinal y asegurar una perfecta movilidad.

En la ración diaria deberían estar presentes uno o más alimentos de cada uno de los siguientes grupos: alimentos plásticos (leche y derivados, carnes, pescados, huevos, legumbres); alimentos energéticos (cereales y derivados, grasas y aceites); alimentos protectores (hortalizas verdes y amarillas, fruta variada, agrios y tomate).

El conjunto de las calorías provenientes del consumo

de lípidos, glúcidos y proteínas debe satisfacer la necesidad energética global de una jornada, cada exceso será inevitablemente almacenado en forma de grasa.

Por consiguiente, es necesario controlar el propio peso.

Para realizar esto, no basta con controlar la cantidad de comida ingerida en las 24 horas, sino que conviene efectuar al mismo tiempo una cierta actividad física, aunque ligera: lo importante es que sea una costumbre consolidada. Los gastos energéticos de actividades deportivas intensas pero realizadas ocasionalmente, hacen perder sobre todo agua y no grasa.

LA DISTRIBUCIÓN DE LAS COMIDAS

Contra el desgaste de la vida moderna, lo más prudente es comer una cantidad adecuada de comida, de forma regular, con comidas bien distribuidas a lo largo del día.

La irregularidad y la rapidez en el consumo de las comidas, la elección errónea de los alimentos y su frecuente exceso, son una costumbre que en la edad adulta presenta a menudo muchas de las clásicas alteraciones orgánicas relacionadas con la malnutrición, tales como la hipertensión, la arteriosclerosis, la diabetes y las afecciones gastrointestinales.

Una forma correcta de alimentarse contempla por lo menos tres comidas principales que aportarán la mayor parte de las calorías. Las meriendas pueden ser compatibles únicamente si no comprometen el equilibrio de la jornada; es decir, si su aporte calórico es limitado y, preferentemente, de glúcidos. Para este objetivo, lo mejor es consumir fruta a media mañana o por la tarde.

Los refrigerios demasiado frecuentes, al estilo anglosajón, son desaconsejables ya que pueden superar fácilmente el límite máximo de calorías previstas.

Por el contrario, comer sólo una o dos veces al día causa una sobrecarga brusca del aparato digestivo, que debe entonces realizar un exceso de trabajo para poder asimilar la masa de comida ingerida. Esta sobrecarga provoca además el desagradable efecto de que el estómago reclama mucha sangre y se deja desabastecido el cerebro, lo que da lugar a la somnolencia, que reduce la actividad cerebral y física.

El intervalo máximo entre una comida y otra no debe superar las cinco o seis horas. Un ayuno prolongado provoca un descenso de la cuota glucémica de la sangre (el carburante humano) y, en consecuencia, una cierta desconcentración mental. Una merienda a base de fruta a media tarde es, sin duda, una buena forma para reequilibrar el contenido de glucosa de nuestro cuerpo.

El desayuno

Desde un punto de vista alimenticio, es cierto que los buenos días empiezan por la mañana, es decir, por el desayuno. En nuestro país, esta cita diaria es la mayoría de las veces olvidada, o bien reducida a una simple taza de café azucarado. Iniciar la jornada con el estómago lleno es muy importante tanto para los adultos como para los pequeños, ya que de este modo se dispone de la energía necesaria para empezar la nueva jornada y restablecer el porcentaje de glucosa en la sangre. Un niño que no desayuna se arriesga a sufrir serias alteraciones orgánicas, como la producción de acetona en la orina (el organismo reacciona ante la falta de azúcares movilizando las grasas depositadas en los tejidos adiposos y produciendo así acetona). El desayuno debe ser una auténtica comida y cubrir, por lo menos, el 20 % de las necesidades calóricas cotidianas.

En la tradición anglosajona y escandinava el desayuno, a base de huevos, tocino, embutido y queso, se convierte en la comida más importante del día. El desayuno español es, por el contrario, esencialmente glucídico, compuesto de café, leche y yogur, zumos de fruta, pan (tostado), miel y también mantequilla (en pequeñas cantidades). La rápida digestión y asimilación de los azúcares simples aumenta rápidamente la cantidad de glúcidos en la sangre.

La comida y la cena

Después de un desayuno correcto, la comida del mediodía resultará más ligera y, generalmente, no ocasionará somnolencia. El valor calórico total de la comida debe oscilar entre el 30 y el 35 % de la necesidad energética de la jornada. La cena garantizará las calorías restantes (35 a 40 %), eventualmente disminuidas por una merienda a media tarde.

¿Cuáles tienen que ser las características de estas comidas para que puedan ser definidas dietéticamente correctas?

Como ya hemos dicho, un régimen alimenticio adecuado no debe basarse sólo en los resultados matemáticos de la suma de calorías, glúcidos, lípidos y proteínas. En efecto, además de proporcionar todos los principios nutritivos (vitaminas, sales, agua y fibra), también debe respetar las tradiciones gastronómicas, saciar el apetito y permitir una convivencia agradable. Para hacer una buena digestión, las comidas deben ser compatibles entre sí; es decir, no tienen que suponer ninguna dificultad para nuestro aparato digestivo.

Seguidamente, presentamos algunos criterios prácticos que pueden ser aplicados fácilmente sin trastornar un sistema alimenticio habitual:

- La comida y la cena no tienen que ser abundantes y superar el valor calórico preestablecido (incluyendo el consumo de pan y, eventualmente, de vino).

- Es preferible que las comidas no estén compuestas por menús variados (primer plato, segundo plato, guarnición, fruta, etc.), sino por un plato central, precedido, si se desea, de un entremés ligero o acompañado de guarnición, ambos a base de verduras.

- Es imporante que cada comida tenga un componente nutricional central, procurando alternarlo en comidas sucesivas. Si, por ejemplo, en la comida consumimos una preparación esencialmente amilácea (pasta, arroz, patatas), para la cena el plato principal será de tipo proteínico (carnes magras, pescado, queso). Lógicamente, si se decide preparar un menú amiláceo, esto no significa que la pasta o el arroz sean únicamente cocidos y escurridos. El condimento es muy importante y puede ser vegetal o de origen animal, por ejemplo, pescado, moluscos o queso (con tal de que la cantidad de condimento sea limitada).

- Es importante prestar atención al consumo de proteínas de origen animal. Desgraciadamente, los alimentos ricos en estos nutrientes (carne, pescado, huevos, queso) son la cruz y la delicia de nuestro modo de alimentarnos, y pueden causar serias alteraciones a largo plazo. Es conveniente, por consiguiente, consumir legumbres (también congeladas), ricas en proteínas vegetales.

• Durante las comidas, debe limitarse el consumo de bebidas en general. La mejor bebida es el agua sin gas. No se beberá ni leche ni bebidas azucaradas sin alcohol.

• Se evitarán (o limitarán al máximo) las cocciones que hacen la digestión más difícil y que prevén el uso abundante de grasas de condimento (frituras en aceite y mantequilla, etc.).

• Tanto en la comida como en la cena, deben servirse, como entremeses y guarnición, preparaciones a base de verdura cocida o cruda. Esta última debería ser consumida durante el día para reforzar adecuadamente el organismo con las vitaminas que se pierden al calentar y cocinar los alimentos.

• Es preferible no consumir la fruta al finalizar las comidas para evitar que los jugos digestivos se diluyan, haciéndola fermentar en el estómago. Es mejor consumirla a media mañana o por la tarde.

• Concluir la comida o la cena con un dulce no es una buena costumbre. Aunque no se trata de renunciar completamente a los dulces, basta con consumirlos de vez en cuando como merienda.

El menú semanal

Seguidamente, presentaremos siete menús elaborados teniendo en cuenta la exigencia de garantizar las necesidades del organismo y, al mismo tiempo, combinar correctamente los alimentos. El comentario que sigue a cada menú tiene como objetivo ofrecer una clave de lectura para poder elaborar propuestas personales siguiendo los mismos criterios.

En cada menú es posible sustituir una o más de las recetas que lo componen por otras, tomadas del recetario, siempre que tengan las mismas características y nivel energético.

Desayuno	té	120 g
	azúcar	10 g
	pan tostado	60 g
	mermelada	20 g
	mantequilla	10 g
Comida	*cuadrados de pasta picantes*	
	ingredientes	
	sémola de grano duro	50 g
	tomate maduro	70 g
	tocino	25 g
	guindillas	5 g
	queso fresco rallado	1 g
	perejil	una cucharada
	salvia	tres hojas
	aceite de oliva	5 g
	Ensalada variada de pepinos	
	ingredientes	
	escarola	25 g
	lechuga	20 g
	pimiento rojo	15 g
	pepino	15 g
	cebolla	10 g
	rábanos	2
	tomate	15 g
	aceitunas verdes sin hueso	2
	aceite de oliva	10 g
	vinagre	una cucharada
	filetes de anchoa	uno o dos
	sal	un pellizco
	pan	70 g

Merienda	*batido*	
	ingredientes	
	miel	150 g
	leche	30 g
	azúcar	20 g
Cena	*truchas aromáticas*	
	ingredientes	
	trucha	1
	pan de molde	una rebanada y media
	yemas	10 g
	salvia	dos hojas
	romero	medio manojo
	perejil	un manojo
	aceite de oliva	una cucharada
	sal	un pellizco
	pimienta	un pellizco
	calabacines a la lima	
	ingredientes	
	calabacín	50 g
	lima	media
	harina	dos cucharadas
	perejil	un manojo
	aceite de oliva	10 g
	sal	un pellizco
	pimienta	un pellizco
	pan integral	70 g

Comentario al menú. El menú del lunes está perfectamente equilibrado en nutrientes, ya que de las casi 2.000 calorías totales, el 56 % proviene de los glúcidos, el 34 %, de los lípidos, y el restante, de las proteínas.

Una merienda a base de fruta y una ensalada fresca a mediodía garantizan al aporte salino y vitamínico, además de la presencia adecuada de fibra. Para tal propósito, el consumo de pan integral tiene la finalidad de proporcionar fibra dentro de los límites correctos (muy útil en dosis adecuadas, en exceso podría ocasionar fenómenos irritantes en el intestino).

En los *cuadrados de pasta picantes*, plato fuerte amiláceo de la comida, es oportuno observar la presencia de ingredientes como la guindilla, que ejercen una acción específica de estímulo de las secreciones gástricas. De este modo se facilita la consecución del tono justo de actividad de la tarde.

En el plano de las cocciones, debemos recordar que la del envoltorio de papel de aluminio resulta particularmente idónea para una digestión fácil de las truchas, aconsejadas en la cena como plato básicamente proteínico.

Desayuno	yogur desnatado	150 g
	higos secos	40 g
	nueces secas	15 g
	miel	25 g
Comida	*paja y heno al sabor de mar*	
	ingredientes	
	harina	60 g
	espinacas hervidas y troceadas	10 g
	huevos	30 g (medio)
	aceite de oliva	5 g
	sal	un pellizco
	salmón fresco	85 g
	gambas pequeñas	35 g
	mantequilla	10 g
	puerro	10 g
	perejil	un manojo
	vino blanco	una cucharada
	budín de calabaza y espinacas	
	ingredientes	
	calabaza	150 g
	espinacas hervidas y troceadas	40 g
	crema de leche	12 g
	huevos	30 g (medio)
	sal	un pellizco
	nuez moscada	un pellizco
	mantequilla	5 g
	pan rallado	5 g
	pan integral	70 g

Merienda	*crema de frambuesas*	
	ingredientes	
	frambuesas	50 g
	yogur	50 g
	leche	50 g
	miel	una cucharada
	semillas de anís	un pellizco
Cena	*conejo al limón*	
	ingredientes	
	conejo	25 g
	puerro	20 g
	cebolla picada	un puñado
	tomillo	un pellizco
	limón	medio
	vino blanco seco	una cucharada
	aceite de oliva	5 g
	sal	un pellizco
	pimienta	un pellizco
	ensalada de cuatro hortalizas	
	ingredientes	
	escarola	50 g
	hinojo	30 g
	pepino	20 g
	rábano	uno
	vinagre	una cucharada
	aceite de oliva	15 g
	perejil	un puñado
	salsa worcester	unas gotas
	sal	un pellizco
	pan integral	70 g

Comentario al menú. También en el menú del martes los principios nutritivos fundamentales están presentes en una relación correcta y en cantidades adecuadas.

En el desayuno, la combinación del yogur desnatado con los frutos secos es muy apropiada y, gracias a la miel y las nueces (en pequeñas cantidades), queda garantizado el aporte energético necesario. Se trata de un desayuno de plato único, siguiendo la costumbre de otros países, ideal para empezar el día en plena forma.

La comida presenta una perfecta asociación entre la *paja y el heno al sabor de mar*, un plato sustancialmente amiláceo (las proteínas del pescado se toleran aquí perfectamente, dada la modesta cantidad y su buena digestibilidad), con los budines de calabaza y espinacas, en los que prevalecen las verduras con contenido medio de almidón.

En la cena, el *conejo al limón*, cocido sin grasas, constituye el aporte proteínico, que combina perfectamente con la *ensalada de cuatro hortalizas*, fuente indispensable de vitaminas hidrosolubles y de sales minerales.

Desayuno	yogur	190 g
	pan integral	60 g
	mermelada	20 g
	mantequilla	10 g
Comida	*pasta al pesto*	
	ingredientes	
	pasta de sémola (al gusto)	80 g
	perejil	5 g
	ajo	medio diente
	piñones	media cucharada
	parmesano	8 g (una cucharada)
	queso rallado	8 g (una cucharada)
	aceite de oliva	15 g (poco más de una cucharada)
	requesón	20 g
	sal	suficiente
	zanahorias a la parmesana	
	ingredientes	
	zanahorias	125 g
	mantequilla	12 g
	parmesano	2 cucharadas
	sal	un pellizco
	pan	70 g

Merienda *pan de higos y pasas*

ingredientes

pasta de pan	85 g
higos frescos	50 g
pasas	10 g
azúcar	cinco cucharadas
canela en polvo	un pellizco
mantequilla y harina	para el molde y el rodillo

Cena *pintada envuelta en papel de aluminio*

ingredientes

pintada	unos 250 g
tocino fresco	15 g
romero	medio ramito
pimienta	uno o dos granos
enebro	dos o tres ramitas
salvia	dos hojas
laurel	dos hojas
sal	un pellizco

ensalada tricolor

ingredientes

tomate	190 g
pimiento rojo	100 g
apio	60 g
lechuga	60 g
aceite de oliva	15 g
pan	70 g

Comentario al menú. El menú del miércoles presenta también todos los requisitos esenciales para ser considerado correcto. De aporte calórico limitado (supera ligeramente las 2.000 kcal), revela en el análisis nutricional una excelente distribución energética en la que predominan los glúcidos, con aproximadamente el 58 % de las calorías totales, seguida de los lípidos, con el 32 %, y de las proteínas, con las calorías restantes. Los carbohidratos son, en su mayor parte, de tipo amiláceo (azúcares complejos) derivados principalmente de la pasta de sémola de la *pasta al pesto*, incluidas en la comida, del *pan de higos y pasas*, consumido como merienda, y del pan presente en el desayuno, la comida y la cena. Hemos elegido una comida amilácea al mediodía, motivada por la digestión más rápida de los glúcidos respecto a las proteínas (sobre todo las animales y las grasas).

Una mayor digestibilidad se traduce en un menor aflujo de sangre al estómago y, consecuentemente, una menor somnolencia después de la comida. Se han respetado también las combinaciones alimenticias más adecuadas para nuestra digestión. En efecto, las dos comidas presentan diferentes temáticas alimenticias: amilácea la comida y proteínica la cena. El queso en la pasta puede considerarse alternativo, dada su escasa cantidad. Es interesante observar la presencia de dos platos de verdura: en el primero cocida, las *zanahorias a la parmesana*, y en el segundo cruda, la *ensalada tricolor*. Esto permite la ingesta cotidiana de fibra vegetal y vitaminas como las B_1, B_2, y C, indispensables para el organismo humano.

Debemos remarcar la utilización de la cocción en envoltorio de papel de aluminio en la pintada propuesta como cena. Prácticamente sin grasas (exceptuando el tocino utilizado para aromatizar), esta preparación respeta totalmente los sabores de los alimentos utilizados, sin apartarse de las propuestas gastronómicas consideradas dietéticas.

Desayuno	pan de molde	50 g
	zumo de naranja	130 g
	manzanas	150 g
	queso fresco	40 g
	miel	20 g
Comida	*pasta de verano*	
	ingredientes	
	pasta (al gusto)	75 g
	berenjenas	60 g
	pimiento rojo	50 g
	perejil	unas hojas
	aceita de oliva	5 g
	sal	un pellizco
	póquer de verduras	
	ingredientes	
	calabacines	50 g
	pimiento rojo	30 g
	cebolletas	30 g
	judías verdes	25 g
	orégano fresco	un pellizco
	caldo	15 g
	aceite de oliva	10 g
	sal	un pellizco
	pimienta	un pellizco
	pan integral	70 g

Merienda	*macedonia al yogur*	
	ingredientes	
	manzana	50 g
	pera	50 g
	ciruela	50 g
	yogur	60 g
	nueces	dos
	miel	una cucharada
Cena	*albóndigas de cordero aromáticas*	
	ingredientes	
	chuletas de cordero	200 g
	tomate	87 g
	berenjena	50 g
	pimiento rojo	25 g
	pimiento verde	25 g
	cebolletas	50 g
	ajo	un cuarto de diente
	orégano	un pellizco
	romero	media ramita
	perejil	un puñado
	vino blanco seco	15 g
	aceite de oliva	10 g
	sal	un pellizco
	pimienta	un pellizco
	ensalada mixta con champiñones	
	ingredientes	
	champiñones	200 g
	ensalada mixta	100 g
	pepino	40 g
	aceite de oliva	15 g
	limón	uno
	sal	un pellizco
	pan integral	70 g

Comentario al menú. El menú del jueves se abre con un desayuno sustancioso, donde las manzanas (fruta semiácida) combinan con el zumo de naranja y las proteínas magras del queso fresco. Estas combinaciones resultan favorables y son bien toleradas por el organismo que, de este modo, se abastece de energía (gracias también a la miel y al pan) sin olvidar el aporte de proteínas y vitaminas.

La jornada prosigue con la comida donde los vegetales del *póquer de verduras* combinan perfectamente con el componente amiláceo de la *pasta de verano*, con una comida fácilmente digerible, muy rica desde un punto de vista nutricional.

La *macedonia al yogur* constituye la merienda ideal para garantizar la consecución de la cuota diaria de vitaminas hidrosolubles, elevando el contenido en proteínas del menú.

La cena propone unas *albóndigas de cordero aromáticas*, plato de base proteínica, cocinado evitando una utilización excesiva de grasas de condimento. La combinación del cordero con la verdura cruda de la *ensalada de champiñones* resulta buena para la digestibilidad y es útil, ya que asegura una cantidad suficiente de fibra.

El nivel calórico de la jornada se acerca a las 2.000 kcal, perfectamente divididas entre los principales nutrientes, suficientes para satisfacer la necesidad nutricional cotidiana del organismo.

Desayuno	té	120 g
	azúcar	10 g
	pan integral	60 g
	mermelada	20 g
	mantequilla	10 g
Comida	*ensalada de cebada y acederas*	
	ingredientes	
	caldo	300 g
	cebada perlada	50 g
	hojas de acederas	dos
	pan de molde	media rebanada
	escalonia	20 g
	huevo	10 g (uno entero para 6 personas)
	parmesano rallado	5 g
	pan rallado	5 g
	aceite de oliva	5 g
	sal	un pellizco
	patatas aromáticas	
	ingredientes	
	patatas nuevas	100 g
	salvia	dos hojas
	romero	media ramita
	aceite de oliva	5 g
	sal	un pellizco
	pan integral	70 g

Merienda	*manzana con moras*	
	ingredientes	
	manzanas reineta	120 g
	mermelada de moras	10 g
	bizcochos desmenuzados	10 g
	pasas	15 g
	azúcar	5 g
	moras	15 g
	vino blanco	una cucharada
Cena	*trucha salmonada con pistachos y azafrán*	
	ingredientes	
	filetes de trucha salmonada	100 g
	mantequilla	5 g
	pistachos	5 g
	cebolla picada	10 g
	hilillos de azafrán	un pellizco
	vino blanco seco	10 cl
	sal	un pellizco
	ensalada de zanahorias con semillas de calabaza y girasol	
	ingredientes	
	zanahorias	50 g
	nabo	40 g
	apio	30 g
	semillas de girasol	10 g
	semillas de calabaza	10 g
	aceite de oliva	5 g
	sal	un pellizco
	vinagre	una cucharada
	piña tropical	
	ingredientes	
	piña	media
	mango	30 g
	plátano	50 g
	kiwi	50 g
	limón	medio
	azúcar	25 g
	zumo de naranja	40 g
	pan integral	70 g

Comentario al menú. Proponemos un menú a base de pescado, la *trucha salmonada con pistachos y azafrán.*

Es éste un menú de unas 1.900 calorías perfectamente distribuidas en los nutrientes principales. Mucho almidón (60 %), proteínas que no superan el 12 % de las calorías totales y básicamente de origen vegetal, y grasas presentadas únicamente en el aceite de oliva. En la comida que precede a las patatas aromáticas, observamos una buena combinación con la cebada perlada (poco usada en nuestra alimentación, y que merece ser rescatada). Los dos platos de base amilácea resultan perfectamente compatibles no sólo por la continuidad de los nutrientes, sino también por la presencia de la cebada, cuyos granos de almidón, similares a los del arroz, son muy digeribles. Una merienda como la *manzana con moras* satisface el paladar sin desequilibrar el régimen alimenticio de la jornada. Esencialmente rica en azúcares simples, esta merienda ofrece una rápida digestibilidad (los azúcares simples abandonan rápidamente el estómago), no obstaculizada por posibles alimentos de tipo proteínico o lipídico.

Las numerosas hierbas aromáticas y especias, como por ejemplo en la *trucha salmonada con pistachos y azafrán* o en la *ensalada de zanahorias con semillas de calabaza y girasol*, también facilitan la rapidez de la digestión de este menú. Es sabido que los condimentos desarrollan una acción beneficiosa, estimulando las secreciones digestivas. No debe sorprendernos la presencia de fruta como último plato de la cena, puesto que la piña es, junto con la papaya, rico en papaína, una enzima proteolítica que favorece la digestión de las proteínas.

Desayuno	yogur	190 g
	pan integral	60 g
	mermelada	20 g
	mantequilla	10 g
Comida	*menestra de guisantes y habas*	
	ingredientes	
	caldo (o bien cubito)	250 g
	pasta corta (tipo fideos)	30 g
	guisantes	15 g
	habas	15 g
	cebolla	10 g
	mantequilla	5 g
	parmesano	25 g (tres cucharadas)
	aceite de oliva	5 g (media cucharada)
	sal y pimienta	un pellizco
	rollitos de berenjena	
	ingredientes	
	berenjenas	85 g
	calabacín	35 g
	apio	15 g
	puerro	15 g
	emmental	35 g
	pan de molde	5 g (media rebanada)
	perejil	un puñado
	aceite de oliva	15 g (una cucharada)
	sal	un pellizco
	tarta de guindas	
	ingredientes	
	hojaldre congelado	70 g
	guindas	70 g
	azúcar	8 g
	mantequilla	5 g
	zumo de limón	10 g
	marrasquino	una cucharada
	azúcar de lustre	para espolvorear
	yema	para pincelar
	harina y mantequilla	para el rodillo y el molde
	pan	70 g

Merienda	zumo de naranja	dos naranjas
	pan tostado	25 g
	tomate fresco	80 g
	aceite de oliva	10 g (una cucharada)
	orégano	5 g
	sal	un pellizco
Cena	*sargo a los mil aromas*	
	ingredientes	
	sargo en rodajas	200 g
	piñones	30 g
	tomillo	una ramita
	perejil	un puñado
	tomate	50 g
	ajo	medio diente
	vino blanco seco	un cuarto de vaso
	aceite de oliva	15 g (una cucharada
	sal	un pellizco
	verde y blanco al perejil	
	ingredientes	
	lechuga	60 g
	apio	40 g
	para condimentar	
	pan de molde remojado en vinagre	tres rebanadas
	perejil	tres hojas
	alcaparras en sal	media cucharada
	aceite de oliva	20 g (dos cucharadas)
	sal y pimienta	un pellizco
	pan	70 g

Comentario al menú. Estamos casi al final de la semana y el análisis del menú de esta semana no varía demasiado de los anteriores: aproximadamente unas 2.200 calorías, de las que más del 50 % es de tipo glucídico (preferentemente almidón) y una fracción bastante limitada es proteínica (sólo el 11 % del total energético). Seguimos, pues, las modernas directrices del campo nutricional, que sugieren un aporte proteínico diario más bien limitado.

Las legumbres asociadas con la pasta en la *menestra de guisantes y habas* no desequilibran las combinaciones apropiadas de los alimentos. En efecto, el contenido de la pasta es de sólo 30 g; una cantidad limitada, que no puede considerarse incompatible con las legumbres. El menú propone también un postre: la *tarta de guindas*. Esta elección puede parecer poco correcta, pero encuentra su justificación en dos factores:

1. el valor calórico de la comida sin postre resulta especialmente bajo, por lo que el dulce no complica la digestión final de la comida;
2. el dulce propuesto no contiene crema y, en consecuencia, no presenta una gran cantidad de proteínas y grasas que puedan hacer más pesada la comida.

También es insólita la propuesta de la merienda, a base de zumo de cítricos, pan tostado, tomate, aceite, sal y orégano, que propone un tipo de alimentación decisivamente mediterránea.

Desayuno	café	50 g
	azúcar de caña	10 g
	biscotes integrales	50 g
	miel	10 g
	mantequilla	10 g
Comida	*rollo campesino*	
	ingredientes	
	harina	150 g (más un pellizco para el rodillo)
	espárragos	150 g
	hierbas aromáticas	100 g
	calabacín	70 g
	patatas	80 g
	arroz	50 g
	jamón de york	30 g
	escalonia	media
	parmesano rallado	una cucharada
	aceite de oliva	20 g (dos cucharadas)
	sal y pimienta	un pellizco
Merienda	1 manzana	140 g
	zumo de naranja	260 g

Cena *ternera a la campesina*

ingredientes

ternera magra	120 g
alcaparras	media cucharada
mostaza	media cucharada
perejil	un puñado
zumo de limón	20 g
aceite de oliva	10 g (una cucharada)
sal y pimienta	un pellizco

para la salsa:

tomates	150 g
lechuga	80 g
judías verdes	80 g
tiras de pimiento rojo	50 g
zanahoria	50 g
cebolleta	35 g
perejil	un puñado
vinagre	media cucharada
aceite de oliva	12 g (una cucharada)
sal	un pellizco
pan integral	70 g

Comentario al menú. Con esta propuesta hemos llegado al final de la semana y, dado que es domingo, hemos presentado unas recetas más elaboradas, que seguramente agradecerán también los paladares más sensibles. Estamos hablando de platos únicos que constituyen la base de la comida y la cena, *la ternera a la campesina* y el *rollo campesino*.

Estas dos sustanciosas preparaciones, junto con el desayuno y con la merienda, proporcionan casi 2.250 calorías, cuya distribución en el análisis nutricional resulta perfecta. La cuota amilácea alcanza casi el 57 % de las calorías totales, las grasas, el 30 % y las proteínas, sólo el 13 %. También son muy válidas las técnicas de cocción empleadas. Para el rollo campesino, son todas cocciones en seco (en horno, salteados en sartén, etc.) con muy poca grasa de condimento; la ternera se cocina prácticamente en crudo y sólo algunas verduras (las judías verdes) están hervidas. Se aseguran de este modo la fibra vegetal, indispensable para la peristalsis intestinal, y las vitaminas B_1 y C, que se pierden con la cocción.

La compatibilidad entre los alimentos queda respetada, como puede observarse con la característica nota proteínica de la ternera y la presencia amilácea del rollo campesino (harina, arroz, patatas). Los 30 g de jamón de york no influyen en la digestibilidad total del plato.

EN EL RESTAURANTE

Las combinaciones alimenticias adecuadas resultan difíciles de hacer cuando se decide comer fuera de casa o en el restaurante, donde por diversos motivos modificamos y, la mayoría de veces, olvidamos la forma correcta de alimentarnos. En estas ocasiones, es conveniente seguir unos simples consejos para hacer agradable la comida sin comprometer la posterior digestión.

- Si cenamos fuera haremos un desayuno y una comida ligeros. De este modo, podrá saborearse mejor la cena.

- Antes de salir de casa es mejor que comamos alguna cosa, por ejemplo, una fruta o bien un zumo con un panecillo, y beber uno o dos vasos de agua. La sensación de hambre se reducirá y de este modo nos podremos controlar mejor durante la comida.

- Si la elección del menú es libre, la preferencia deberá orientarse hacia preparaciones sencillas, no demasiado elaboradas y preparadas con pocas grasas de condimento. En lo que respecta a las combinaciones, debemos recordar que los alimentos amiláceos (pasta, arroz, patatas) no son asociables con los que presentan una base de proteínas magras (carnes y pescados magros, quesos frescos), por lo que es preferible limitar la posible unión de estos alimentos.

- De entre los entremeses, son aconsejables los hechos a base de verdura (aunque no frita).

- Es preferible el pan a los grisines o los *crackers*.

• Evitaremos, en la medida de lo posible, el vino y otros alcoholes.

• En los postres son aconsejables dulces que no contengan crema, por ejemplo, las tartas y los hojaldres.

LA COCCIÓN DE LOS ALIMENTOS

La atención prestada a la elección y la combinación de los alimentos pierde su significado si no va unida al conocimiento de las técnicas de manipulación y de cocción que garantizan el mantenimiento de las cualidades nutritivas. Sucede a menudo que se estropean excelentes alimentos al someterlos a unos tratamientos que, si por un lado mejoran algunas características organolépticas, por el otro provocan la pérdida de propiedades nutritivas.

La cocción de los alimentos supone muchos efectos positivos:

— hace la comida más fácilmente masticable y digerible;
— tiene una acción microbicida (elimina la mayor parte de las bacterias) y, en consecuencia, hace que los alimentos resulten más higiénicos y limpios para ser consumidos;
— intensifica el gusto y el aroma de los alimentos;
— inicia los procesos de destrucción de los principios nutritivos, haciendo menos costosa la función del aparato digestivo.

Por otro lado, los aspectos negativos que pueden asociarse a la cocción son la formación de sustancias nocivas y la distribución y dispersión de los principios nutritivos.

Todo depende de la técnica con la que se realiza la cocción. Presentamos, a continuación, algunas sugerencias útiles, teniendo en cuenta las diversas cocciones.

Cocción en agua

Es la ebullición que se utiliza para la cocción de la pasta y del arroz, o bien para la preparación de verduras y carnes hervidas. La principal característica de esta cocción es, en general, empobrecer los alimentos de principios hidrosolubles (especialmente las vitaminas y sales minerales).

El alimento puede ser sumergido en agua fría o caliente.

El arroz y la pasta requieren agua hirviendo; la carne y la verdura, si se utilizan para la preparación de caldo, requieren por el contrario agua fría. Si se desea un hervido correcto y una verdura lo más íntegra posible desde un punto de vista nutritivo, el agua debe estar ya caliente.

En cualquier caso, la cocción en agua empobrece los alimentos, sobre todo en vitaminas y sales.

Cocción al vapor

Para evitar o limitar el efecto de solubilidad que se da en la ebullición, puede cocerse evitando el contacto directo del alimento con el agua (olla al vapor) o reduciendo los tiempos de contacto con el agua (olla a presión).

En la cocción al vapor, el alimento se dispone en una especie de canastillas o recipientes agujereados y el agua, situada en el fondo del recipiente, se lleva a ebullición: así se formará el vapor que cocerá la comida.

En la olla a presión el agua, llevada a ebullición, se evapora y el vapor contenido en el recipiente alcanza temperaturas muy elevadas. De este modo, se reduce el tiempo de cocción y, al cocerse en muy poca agua, sales, vitaminas y aromas sufren pérdidas muy bajas.

Las cocciones al vapor son indicadas principalmente

para las verduras, aunque también para pescados y carne que en la cocción en agua tienden a exfoliarse.

Cocción en grasas

Si las grasas cubren el alimento durante la cocción, el procedimiento se denomina *fritura*; si, por el contrario, cubren sólo el fondo del recipiente, se habla de *cocción salteada*.

En la fritura es importante elegir correctamente la grasa que se debe utilizar, sin sobrepasar nunca el punto de humo, esto es, el indicio que define la temperatura a la que la grasa emite humo, y a la que corresponde su transformación en estructura química:

grasas	*punto de humo*
aceite de cacahuete	198
aceite de girasol	190
aceite de maíz	185
aceite de soja	178
aceite de oliva virgen	175
margarina	179
mantequilla	161
manteca de cerdo	192

Posibles partículas extrañas, como migajas de pan, favorecen la descomposición de la grasa, con lo que desciende el punto de humo. También la costumbre extendida de mezclar un aceite frito con uno nuevo comporta el descenso del punto de humo del aceite más resistente al calor y facilita la descomposición de la grasa.

La digestibilidad de un alimento frito es modesta, independientemente del alimento de base; es, en efecto, la grasa de cocción la que condiciona la facilidad de digestión de la comida.

Cocción al calor seco

Se trata de la cocción en horno o en asador. Nos ocuparemos de estos sistemas más adelante, a propósito de la cocción de las carnes.

Cocción en microondas

Este moderno tipo de cocción utiliza, contrariamente a los otros sistemas de los que hemos hablado, un principio completamente distinto para la producción de calor. En vez de calentar el alimento en contacto con cuerpos calientes (la plancha, el fondo de la olla, el aire del horno, el agua hirviendo, etc.), el aumento de temperatura se produce por efecto de ondas electromagnéticas que llevan al alimento a cocerse. Las ondas son absorbidas por el alimento, cuyas partículas adquieren unas rapidísimas e imperceptibles vibraciones por efecto de las cuales la temperatura se eleva rápidamente, lo cual determina la cocción. Una característica del sistema de microondas es el hecho que el desarrollo del calor procede del interior del alimento hacia el exterior, exactamente lo contrario de lo que sucede en las otras cocciones.

Esta técnica presenta algunos aspectos ciertamente interesantes:

— es mucho más rápida que la cocción tradicional;
— cuece limpio, con pocas salpicaduras y restos;
— cuece sin calentar el ambiente;
— es muy adecuada para descongelar;

— es apropiada para cocer verduras, tanto frescas como congeladas;
— también es muy práctica para preparar pequeñas comidas calientes.

Ante estas ventajas encontramos una cierta dificultad para efectuar algunas preparaciones, como el asado, donde el éxito radica en que el calor venga del exterior.

Cocción de los vegetales

La cocción de los vegetales es la que provoca la mayor pérdida de principios nutritivos.

De aquí la importancia de no arrojar el agua de cocción, sino aprovecharla para la preparación de menestras y arroces.

Las mayores pérdidas se dan cuando:
— el vegetal está troceado muy menudo;
— la cantidad de agua es excesiva;
— el agua está fría;
— el tiempo de cocción no es el adecuado para las hortalizas (por ejemplo, en la preparación de las menestras es aconsejable sumergir primero en el agua las hortalizas de cocción más lenta, y después sucesivamente las otras).

La cocción de los vegetales influye, además de en la conservación de sus principios nutritivos, también en su color, olor, sabor y consistencia.

Para una mejor conservación de todas estas características es mejor recurrir a la cocción al vapor o a presión.

Las legumbres requieren para su cocción aguas poco duras: si el agua es rica en calcio, se puede añadir un poco de bicarbonato.

Las legumbres secas, antes de la cocción, deben dejarse en remojo durante un tiempo para que se reblandezcan y se eliminen los principios tóxicos de las mismas en el agua. Es por este motivo que ésta debe cambiarse más de una vez.

Los efectos negativos de la cocción de las legumbres son de poca importancia.

En la cocción de la fruta, la incorporación de un poco de azúcar le añade una mayor consistencia.

El azúcar pasa del líquido de cocción a la superficie de la fruta, que así permanece compacta y no deja que se diluyan sus principales cosntituyentes.

Cocción de las carnes

Tiene el objetivo de destruir posibles bacterias, de ablandar las fibras y aumentar el gusto. Contrariamente a lo que se cree, comer carne cruda no es una costumbre sana: además de ser muy difícil de digerir, este alimento puede presentar un alto porcentaje de infección bacteriana.

Las carnes se cuecen tanto en seco como guisadas. Generalmente, se prefiere la cocción en seco para las mejores piezas, mientras que las otras se destinan al guiso o a la cocción a vapor.

La cocción de las carnes debe considerarse finalizada por completo cuando las modificaciones que se dan en ella también se observan en el interior de la pieza.

El guiso. El guiso se prepara haciendo hervir la carne hasta que las fibras musculares estén lo suficientemente tiernas. El agua de cocción constituirá el caldo de la carne. Se cree que este caldo es un alimento tonificante y energético, ideal para restituir la fuerza a personas enfermas y débiles. En realidad esto no es cierto, ya que el caldo, constituido por un 97 % de agua, es más bien pobre en nutrientes. Hay unas reglas muy simples que hay que tener en cuenta según si se desea un buen caldo o bien un guiso sabroso. En el primer caso, debemos iniciar la cocción en agua fría y añadir seguidamente sal; en el segundo caso, por el contrario, el guiso será más sabroso si sumergimos la carne en agua ya hirviendo, salada y aromatizada.

Asado. El asado se realiza en un recipiente tapado para evitar una evaporación demasiado rápida del líquido que, al finalizar, queda concentrado a fuego lento. El cocido requiere, por el contrario, la incorporación de mucho líquido y de hortalizas.

Cocción al horno. En general, es preferible la cocción en un horno a una temperatura entre 150 y 180 °C que la de fuego directo. Inicialmente se produce un medio asado de las carnes. El objetivo de esta primera operación es provocar la coagulación de las proteínas superficiales, para impedir la posterior salida del jugo. A continuación, se prosigue sin añadir más grasas.

Parrilla. Se efectúa sin añadir grasas de condimento. La carne, al cocerse, pierde casi por completo la propia grasa. La carne a la parrilla es muy digestible, aunque es imprescindible pulirla en las partes posiblemente quemadas. De la combustión puede formarse una sustancia, el *benzopireno*, de conocida peligrosidad.

Cocción de pescados

Si se desea hervir el pescado, es conveniente hacerlo en agua a la que se haya añadido un poco de sal, hierbas aromáticas, vinagre o zumo de limón. La incorporación del vinagre, limón o vino blanco, favorece la coagulación de las proteínas superficiales, reduciendo las pérdidas nutritivas. Para las otras técnicas, son válidas las mencionadas para la carne. Únicamente queda recordar que la carne de pescado tiene la grasa repartida por su interior, y no externamente como la bovina, y que por ello se presta especialmente para la cocción en envoltorio de papel de aluminio, ofreciendo un resultado sabroso, y ligero, debido a la ausencia de grasas de condimento.

Cocción de los huevos

Durante la cocción, el calor provoca en los huevos unas transformaciones sobre todo a expensas de las sustancias proteínicas. El sistema de cocción incide en la digestibilidad del huevo, en el sentido de que no condiciona el tiempo de permanencia en el estómago.

TIEMPO DE PERMANENCIA EN EL ESTÓMAGO SEGÚN EL TIPO DE COCCIÓN

dos huevos ligeramente hervidos	105 minutos
dos huevos crudos	135 minutos
dos huevos a la mantequilla	130 minutos
dos huevos duros	170 minutos
dos huevos fritos	180 minutos

Como podemos observar, la mejor cocción es la denominada *pasada por agua*, que se obtiene sumergiendo el huevo en agua fría y llevándolo a ebullición, de este modo se obtiene la coagulación total de la clara, mientras que la yema permanece fluida; éstas son las características en las que el huevo es más digerible.

Observamos también que la cocción de los huevos ofrece una ventaja posterior: por efecto del calor se neutraliza una sustancia presente en la clara, la *avidina*, que de otro modo actuaría como obstructor de importantes principios vitamínicos. La costumbre de beber un huevo crudo por la mañana debe descartarse totalmente.

ESPECIAS Y HIERBAS AROMÁTICAS

Las especias y las hierbas aromáticas se han usado desde la antigüedad. En la cocina mediterránea se utilizan hierbas aromáticas que no se encuentran en el norte de Europa, en donde se recurre a otros sabores; no obstante, cada pueblo tiene una tradición propia.

Aunque carezcan totalmente de poder nutritivo, las especias no tienen únicamente una función gustativa. En las células de sus raíces, tallos, hojas y semillas se encuentran los denominados aceites esenciales; es decir, sustancias que no sólo desarrollan el aroma, sino que ejercen una influencia sobre nuestro organismo. Estas propiedades han sido utilizadas por la farmacopea y la cosmética ya desde el tiempo de los egipcios. No obstante, es en la gastronomía donde han desarrollado y desarrollan una acción benéfica en la digestión de los alimentos.

Muchos aceites esenciales, en las dosis adecuadas, estimulan algunas funciones digestivas y mejoran la actividad de las enzimas, haciendo más breve la permanencia de la comida en el estómago y en el intestino. La cocción y mezcla casual de las hierbas aromáticas puede atenuar la acción benéfica de sus aceites esenciales; por esta razón, algunas hierbas se usan crudas y para preparar cócteles aromáticos deben respetarse algunas combinaciones.

La primera tabla muestra las específicas acciones estimulantes sobre algunos órganos del aparato digestivo.

En la segunda podemos ver las principales sustituciones entre las distintas especias y hierbas que poseen el mismo principio aromático.

La tercera muestra los usos más comunes de las especias y de las hierbas en las diversas preparaciones gastronómicas.

Las acciones digestivas de las especias y plantas aromáticas

agrios (piel)	exaltadores, excitantes de la mucosa gástrica
ajedrea	fuerte estimulante de las secreciones gástricas
angélica (semillas)	digestiva
anís	estomacal y carminativo
azafrán	eupéptico, carminativo, estimulante de las secreciones gástricas
albahaca	digestiva
canela	estomacal, carminativa, antiséptica intestinal
clavos de olor	carminativos, antisépticos intestinales
coriandro	carminativo, estomacal
comino	estimulante de la digestión

enebro (pequeñas cantidades)	estimulante de la digestión
estragón	fuerte estimulante de la digestión
guindilla	estimulante de las secreciones gástricas
hinojo	carminativo estimulante (plantas y semillas)
jengibre (raíz)	estimulante de la digestión
mastranzo	estimulante de la digestión
mejorana (pequeñas cantidades)	tónico, estimulante de la secreción gástrica
mostaza	estimulante del páncreas
nuez moscada	estimulante de las secreciones gástricas
orégano	estimulante de las secreciones gástricas
perejil	estimulante de las secreciones gástricas
romero	estimulante de las secreciones gástricas
salvia	carminativa, estimulante de las secreciones gástricas
tomillo	tónico, digestivo, carminativo

Evítense: ajo, cebolla, cebollino, lúpulo, pimienta y escalonia.
Carminativo = disminuye la formación de gas en el intestino.
Eupéptico, estomacal = favorece la estimulación gástrica.

LAS PRINCIPALES SUSTITUCIONES ENTRE LAS DIVERSAS ESPECIAS Y HIERBAS CON UN PRINCIPIO AROMÁTICO SIMILAR

(el principio aromático es la resultante del conjunto de todos los aceites esenciales contenidos)

especias y hierbas aromáticas	*sustitución similar*
guindillas	equivalentes
pimienta negra	pimienta blanca
pimienta	guindillas
mostaza	rábano
perejil	coriandro
anís	eneldo e hinojo
azafrán	cúrcuma
jengibre	galanga
orégano	mejorana
clavos de olor	pimienta negra
nuez moscada	macis
sésamo	cacahuete

A cada plato su aroma adecuado

aromas y especias	*menestras*	*pastas y arroces*	*asados*	*guisos*	*pescados*	*verduras*	*salsas jugos*	*dulces y licores*
acetosilla	•					•		
ajo	•		•	•	•	•	•	
laurel			•	•	•		•	•
eneldo	•		•	•			•	•
anís								•
albahaca	•	•					•	•
perifollo	•			•	•	•	•	
cebollino	•			•	•	•	•	
estragón			•	•	•		•	
hinojo		•	•	•	•		•	•
mejorana				•	•	•		
menta	•			•			•	•
mirto			•	•				
orégano		•		•	•	•	•	
guindilla		•		•	•		•	
perejil	•	•		•	•	•	•	
rábano							•	
romero	•		•		•		•	

A CADA PLATO SU AROMA ADECUADO

aromas y especias	*menestras*	*pastas y arroces*	*asados*	*guisos*	*pescados*	*verduras*	*salsas jugos*	*dulces y licores*
ruda				•				•
salvia		•	•	•	•		•	•
ajedrea			•		•	•		
tomillo				•	•			•
canela				•				•
cardamomo			•				•	•
clavos de olor	•			•			•	•
comino	•		•					•
coriandro			•	•	•			•
cúrcuma		•	•	•		•	•	•
enebro			•	•				•
hisopo	•			•			•	•
pimienta	•	•	•	•	•	•	•	
mostaza blanca			•		•		•	
vainilla								•
azafrán		•			•			
jengibre			•	•			•	•

IV

LA COCINA IMAGINATIVA

OBSERVACIONES A LA PRESENTACIÓN DE LAS RECETAS

• Las recetas han sido agrupadas según los principios nutritivos que las caracterizan. Así pues, se han dividido en:
— platos a base de carbohidratos;
— platos a base de proteínas;
— platos de verdura (ricos en fibra, sales y componentes vitamínicos).

• El componente lipídico está presente en las distintas preparaciones según correctos esquemas de combinación de los ingredientes. Es conveniente, desde un punto de vista de una correcta educación alimenticia, no incorporar en este recetario platos que presenten un contenido casi exclusivamente lipídico.

• El recetario ha sido completado con algunas probabilidades para la merienda o para un tentempié para media mañana.

• Con el objetivo de facilitar la combinación de los platos en cada comida, respetando tanto la correcta combinación como el mantenimiento de un adecuado aporte energético y de nutrientes, en cada receta se presenta el contenido calórico, proteínico y lipídico y, al mismo tiempo, se indican la clase y el nivel energético según el siguiente cuadro:

tipo:	A	plato a base amilácea
	PM	plato de base proteínica magra
	PG	plato de base proteínica grasa
	L	plato de alto contenido lipídico
	Az	plato de alto contenido en azúcares simples
	Vbg	plato a base de verduras, con bajo contenido en glúcidos
	Vmg	plato a base de verduras, con un contenido medio en glúcidos
nivel energético:	*	plato de bajo contenido calórico (en relación con la categoría de pertenencia)
	**	plato de contenido calórico más elevado (en relación con la categoría de pertenencia)

PARA DOSIFICAR DE MANERA SENCILLA ALGUNOS ALIMENTOS, HAY QUE RECORDAR QUE:

una cucharada de café de azúcar	equivale a 5 g
una cucharada de café de miel	equivale a 8 g
una cucharada de café de mantequilla	equivale a 4 g
una cucharada de café de aceite	equivale a 4 g
una cucharada de café de harina	equivale a 5 g
una cucharada de café de mermelada	equivale a 6 g
una cucharada sopera de azúcar	equivale a 12 g
una cucharada sopera de miel	equivale a 24 g
una cucharada sopera de mantequilla	equivale a 13 g
una cucharada sopera de aceite	equivale a 13 g
una cucharada sopera de harina	equivale a 15 g
una cucharada sopera de mermelada	equivale a 18 g

Platos a base de hidratos de carbono

Pasta de verano

tipo: A	nivel energético: **

Calorías: 345
Glúcidos: 65,5 g
Proteínas: 9 g
Lípidos: 5 g

Tiempo necesario:
40 minutos

Ingredientes para 4 personas:

300 g de pasta (al gusto)
200 g de pimiento rojo
250 g de berenjenas
un puñado de perejil picado
tres cucharadas de aceite de oliva
sal

Chamuscaremos el pimiento sobre el fuego o en el horno, lo pelaremos y trocearemos muy menudo. Limpiaremos la berenjena, la pelaremos y cortaremos en dados, la doraremos en una cacerola con tres cucharadas de aceite, añadiremos el pimiento y lo espolvorearemos todo con un puñado de perejil, salándolo ligeramente. Seguidamente, llevaremos a ebullición una olla de agua salada y herviremos la pasta; la escurriremos y añadiremos a la salsa de verduras preparada anteriormente y la mezclaremos para que tome bien el sabor. La serviremos rociándola con un hilo de aceite y espolvoreada con perejil.

Rollo campesino

tipo: A, PG, L (plato único)	nivel energético: **

Calorías: 1.194
Glúcidos: 178 g
Proteínas: 35 g
Lípidos: 38 g

Tiempo necesario:
45 minutos más el de reposo de la pasta

Ingredientes para 1 persona:

150 g de harina más un pellizco para la mesa de cocina
150 g de espárragos
100 g de hierbas aromáticas
70 g de calabacín
tres cucharadas de aceite de oliva
80 g de patatas
50 g de arroz
30 g de jamón de york
media escalonia
una cucharada de parmesano
un pellizco de sal y pimienta

En un cuenco, mezclaremos la harina con una cucharada de aceite, un pellizco de sal y 80 g de agua. Dispondremos la pasta obtenida en la mesa de cocina enharinada y la trabajaremos hasta que ya no sea elástica y blanda. Dejarla reposar durante 30 minutos. Herviremos los espárragos *al dente* y coceremos el arroz al vapor. En una cacerola herviremos las patatas, previamente limpias y troceadas. En una sartén verteremos una cucharada de aceite y, cuando ya esté caliente, doraremos la escalonia cortada en rodajas, el calabacín en dados, los espárragos hervidos y troceados, las hierbas aromáticas cortadas en tiras y las patatas ya troceadas. Salpimentaremos y esperaremos a que finalice la cocción. En otro recipiente, verteremos una cucharada de aceite y doraremos el arroz ya cocido, al que añadiremos seguidamente el preparado de verduras y el jamón de york en dados. Sobre la mesa de cocina extenderemos la pasta y recortaremos un disco delgado. Dispondremos en el centro la totalidad del preparado de verduras y jamón de york y la espolvorearemos con el parmesano. Doblaremos la pasta por la mitad, formando una empanada que pondremos en una placa untada con aceite. La introduciremos en el horno a 220 °C durante unos 20 minutos. Cuando ya esté a punto, la retiraremos del horno y dejaremos que se enfríe. Se servirá templado.

Codillos rellenos

tipo: A, PM	nivel energético: **

Calorías: 539
Glúcidos: 79 g
Proteínas: 26 g
Lípidos: 15 g

Tiempo necesario:
una hora y cuarto

Ingredientes para 1 persona:

50 g de pasta corta (tipo codillos)
40 g de queso de cabra
30 g de espinacas hervidas
una rebanada de pan de molde remojada en leche
una cucharada de parmesano
sal y pimienta
para completar:
80 g de calabacín
80 g de lechuga
25 g de lentejas secas
cebolla (5 g)
un puñado de perejil
una cucharada de aceite de oliva
sal y pimienta

Pondremos las lentejas en remojo, cambiando el agua dos veces. Las doraremos en una cacerola con media cucharada de aceite y la cebolla picada. Añadiremos 150 g de agua y las dejaremos cocer. Finalizada la cocción, añadiremos un picadillo de perejil. Herviremos la pasta y, mientras tanto, pasaremos las espinacas por la picadora. Las mezclaremos con el pan desmenuzado, el queso de cabra, una cucharada de parmesano, sal y un pellizco de pimienta. Rellenaremos los codillos cocidos *al dente* con el preparado obtenido y los dispondremos en un recipiente con tres cucharadas de agua. Los taparemos y coceremos en el horno a 190 °C durante 10 minutos. Limpiaremos el calabacín y la lechuga y los dejaremos dorar en una cacerola con media cucharada de aceite y un pellizco de sal. Retiraremos la pasta del horno y la pondremos en una bandeja junto con las lentejas, el calabacín y la lechuga.

Menestra de guisantes y habas

tipo: A	nivel energético: *

Calorías: 223
Glúcidos: 26 g
Proteínas: 6 g
Lípidos: 10 g

Tiempo necesario: una hora

Ingredientes para 4 personas:

1 l de caldo (puede ser también de cubito)
120 g de pasta (tipo fideos gruesos)
70 g de guisantes
35 g de cebolla
20 g de mantequilla
dos cucharadas de parmesano
dos cucharadas de aceite de oliva
sal y pimienta

Prepararemos un picadillo de cebolla y lo pondremos en una cacerola con dos cucharadas de aceite. Añadiremos las habas y los guisantes dejándolos apenas dorar y, seguidamente, todo el caldo, taparemos y dejaremos cocer a fuego moderado durante 40 minutos. Pasado este tiempo, pondremos la pasta y la dejaremos cocer ligeramente *al dente*. Apagaremos el fuego y añadiremos la mantequilla y el parmesano con un pellizco de pimienta. Rectificaremos de sal y verteremos la menestra en una sopera. La serviremos caliente, aunque no hirviendo.

Fideos con patatas

tipo: A nivel energético: **

Calorías: 485
Glúcidos: 79 g
Proteínas: 12 g
Lípidos: 15 g

Tiempo necesario: una hora

Ingredientes para 4 personas:

400 g de patatas
300 g de fideos
200 g de tomates
80 g de cebolla
cuatro cucharadas de aceite de oliva
40 g de requesón rallado
una cucharada de azúcar
sal

Pelaremos las patatas, las lavaremos y cortaremos dados gruesos. Las herviremos en una olla con unos 4 l de agua, a la que habremos añadido sal. Mientras tanto, prepararemos la salsa de tomate poniendo cuatro cucharadas de aceite en una cacerola. Añadiremos la cebolla cortada por la mitad, una cucharada de azúcar y los tomates, previamente pelados y sin semillas. Salaremos y dejaremos cocer la salsa a fuego lento durante 20 minutos (también puede utilizarse alguna salsa casera, ya preparada con anterioridad). Cuando las patatas estén casi cocidas y el agua esté hirviendo, echaremos los fideos y los coceremos *al dente*. Escurriremos las patatas y la pasta y las condimentaremos rápidamente con la salsa de tomate caliente y con el requesón rallado, mezclándolo todo bien.

Paja y heno al sabor de mar

tipo: A, PG, L — nivel energético: **

Calorías: 548
Glúcidos: 48 g
Proteínas: 30 g
Lípidos: 26 g

Tiempo necesario:
1 hora más el tiempo de reposo de la pasta

Ingredientes para 6 personas:

350 g de harina
40 g de espinacas hervidas
tres huevos
una cucharada de aceite de oliva
un pellizco de sal
450 g de salmón fresco
200 g de gambas pequeñas peladas
70 g de mantequilla
50 g de puerro picado
un puñado de perejil picado
tres cucharadas de jerez seco

Formaremos un volcán con los 200 g de harina, añadiremos dos huevos, una cucharada de aceite y un pellizco de sal, amasaremos bien hasta obtener un compuesto blando y elástico; y lo dejaremos reposar. Seguidamente, prepararemos la pasta verde con la harina restante y del mismo modo que la anterior, añadiendo también las espinacas pasadas por el pasapurés. Extenderemos la pasta con el rodillo y cortaremos en ella unas tiras, que dejaremos secar. En una sartén doraremos el puerro con 20 g de mantequilla, añadiremos las gambas, salaremos ligeramente, rociaremos con el jerez, flambearemos y añadiremos el salmón, que previamente habremos pulido de escamas y piel, cortado en dados y dorado en una sartén antiadherente sin grasas. Espolvorearemos la salsa obtenida con un puñado de perejil y dejaremos evaporar el agua. Mientras tanto, herviremos las tiras de pasta en abundante agua salada, las escurriremos y verteremos en la sartén con la salsa, añadiendo la mantequilla restante, removeremos suavemente para que no se estropee y serviremos.

Pasta a los cuatro quesos

tipo: A	nivel energético: **

Calorías: 440
Glúcidos: 67 g
Proteínas: 16 g
Lípidos: 12 g

Tiempo necesario: una hora

Ingredientes para 4 personas

320 g de macarrones
30 g de queso para fundir
20 g de emmental
20 g de roquefort
30 g de parmesano
un puñado de perejil
150 cc de leche parcialmente descremada (poco más de media taza)
15 g de harina (una cucharada)
una nuez de mantequilla
sal, pimienta negra y nuez moscada

Llevaremos a ebullición 4 l de agua para la pasta y la salaremos cuando esté a punto de hervir. Mientras tanto, trocearemos muy menudo el queso para fundir y el emmental y chafaremos con un tenedor el requesón. En una cacerola derretiremos la mantequilla, añadiremos inmediatamente la harina, la leche y los diferentes quesos (reservando una cucharada de parmesano). Coceremos a fuego moderado para obtener una crema suave, que aromatizaremos con un pellizco de nuez moscada. Untaremos una fuente con mantequilla y encenderemos el horno a 200 °C. Escurriremos la pasta y, en la misma olla le añadiremos la crema de quesos muy caliente y el perejil picado, removiendo bien. Lo verteremos todo sobre la fuente untada con mantequilla, espolvoreándolo con la cucharada de parmesano y la pimienta negra. Dejaremos gratinar en el horno durante media hora.

Pizza golosa

tipo: A, PG, L (plato único) nivel energético: **

Calorías: 988
Glúcidos: 118 g
Proteínas: 47 g
Lípidos: 39 g

Tiempo necesario:
40 minutos

Ingredientes para 1 persona:

200 g de pasta de pan
140 g de calabacín
50 g de requesón desnatado
50 g de leche
dos cucharadas de aceite de oliva
40 g de espinacas hervidas
40 g de jamón de york
un huevo
seis aceitunas negras
dos filetes de anchoa en salmuera
sal, pimienta y nuez moscada

Puliremos los calabacines y los cortaremos en rodajas oblicuas de 7 u 8 cm de grueso. Las dispondremos en un plato, las salaremos y las rociaremos con una cucharada de aceite. Calentaremos una parrilla y las coceremos por ambos lados. En un cuenco, mezclaremos el requesón con la leche y la clara (reservando la yema aparte, sin que se rompa). Salpimentaremos y añadiremos un poco de nuez moscada. Escogeremos una fuente redonda (de un diámetro de 22 a 24 cm), la untaremos con aceite y extenderemos la pasta, recortando los bordes, formando una especie de recipiente. Formaremos una primera capa de jamón cortado en lonchas, y, una vez picadas la espinacas, formaremos con ellas una segunda capa de relleno. Limpiaremos las anchoas saladas y las distribuiremos por encima a trozos. Finalmente, repartiremos por encima de todo el preparado de leche y requesón. La coceremos durante 20 minutos en el horno ya caliente a 200 °C. Finalizada la cocción, retiraremos la pizza del horno, repartiremos por encima los calabacines pasados por la parrilla y, en el centro, la yema rodeada de las aceitunas negras. Introduciremos la pizza en el horno durante 5 minutos más y la serviremos después de haberla dejado enfriar ligeramente.

Arroz con setas

tipo: A, L	nivel energético: **

Calorías: 510
Glúcidos: 71 g
Proteínas: 13 g
Lípidos: 21 g

Tiempo necesario: 30 minutos (más el del posible remojo de las setas)

Ingredientes para 4 personas:

320 g de arroz
200 g de setas (o 20 g de setas secas)
100 cc de vino blanco seco (un vaso)
un diente de ajo
dos puñados de perejil
un punta de extracto de carne (o un cubito para caldo)
50 g de mantequilla
60 g de parmesano rallado
sal y pimienta

Si se usan setas secas, las pondremos en remojo en una taza con agua caliente. Si, por el contrario, son frescas, las limpiaremos y eliminaremos la posible tierra que tengan, sin lavarlos para que no queden mojados. En una cacerola, derretiremos 30 g de mantequilla con un diente de ajo machacado (que después retiraremos). Añadiremos las setas (si se utilizan las secas, las estrujaremos con las manos) y dejaremos que tomen el sabor durante 5 minutos, removiendo de vez en cuando. Mientras tanto, calentaremos tres cuartos de litro de agua con el extracto de carne, añadiendo una cucharada de sal (o bien el cubito de caldo sin añadir, en este caso, la sal). Verteremos el arroz en la cacerola con las setas, removiéndolo para que tome bien el sabor. Añadiremos el vino blanco y subiremos el fuego para dejarlo evaporar. Si se han usado las setas secas, añadiremos el agua de remojo, previamente colada para eliminar los restos de tierra. Siempre removiendo, verteremos el caldo hirviendo y continuaremos la cocción a fuego vivo, añadiendo caldo a medida que vaya siendo absorbido. Cuando la cocción esté casi finalizada, añadiremos la mantequilla restante, el perejil picado, el parmesano y la pimienta molida al momento, removiendo para que los ingredientes queden repartidos uniformemente. Lo serviremos caliente.

Arroz con pimientos

tipo: A   nivel energético: **

Calorías: 464
Glúcidos: 70 g
Proteínas: 11 g
Lípidos: 17 g

Tiempo necesario:
50 minutos

Ingredientes para 4 personas:

320 g de arroz
300 g totales de pimiento verde y rojo (tres pimientos pequeños)
70 g de cebolla (una pequeña)
media rama de apio
50 g de zanahoria (media zanahoria)
un puñado de perejil
una punta de extracto de carne (o un cubito de caldo)
50 g de mantequilla
dos cucharadas de parmesano rallado
dos cucharadas de nata
sal

Prepararemos un picadillo con la cebolla, el apio y la zanahoria. Eliminaremos las semillas de los pimientos y los cortaremos en dados. Doraremos las verduras en una cacerola, donde previamente habremos derretido 30 g de mantequilla. Añadiremos tres cucharadas de agua y dejaremos cocer a fuego lento durante 10 minutos. Mientras tanto, calentaremos tres cuartos de litro de agua con el extracto de carne, añadiendo una cucharada de sal (o bien el cubito de caldo, sin añadir sal en este caso). Pondremos el arroz en la cacerola que contiene las verduras, subiendo el fuego, removiendo para que tome el sabor y se reparta uniformemente. Sin parar de remover, verteremos el caldo hirviendo y continuaremos la cocción a fuego vivo, añadiendo caldo a medida que vaya siendo absorbido. Cuando la cocción esté casi finalizada, añadiremos la nata, la mantequilla restante, el parmesano y el perejil. Removeremos y dejaremos reposar el arroz durante algunos minutos. Serviremos caliente.

Arroz de primavera

tipo: A nivel energético: **

Calorías: 456
Glúcidos: 69 g
Proteínas: 18 g
Lípidos: 10 g

Tiempo necesario: una hora

Ingredientes para 4 personas:

320 g de arroz
50 g de tocino
70 g de cebolla (una pequeña)
medio tronco de apio
50 g de zanahoria (media zanahoria)
100 g de judías verdes (pueden ser congeladas)
una punta de extracto de carne (o un cubito de caldo)
tres cucharadas de pulpa de tomate
50 g de guisantes (pueden ser congelados)
dos nueces de mantequilla
dos cucharadas de parmesano rallado
dos cucharadas de nata
sal

Prepararemos un picadillo de cebolla, apio y zanahoria y, aparte, trocearemos el tocino. Freiremos las verduras en una cacerola, donde habremos derretido una nuez de mantequilla. Añadiremos el tocino y lo doraremos durante 5 minutos. Cortaremos las judías verdes en trozos de unos 2 cm y las añadiremos a la verdura junto con los guisantes y la pulpa de tomate desmenuzada. Taparemos y dejaremos cocer durante media hora a fuego lento, removiendo de vez en cuando. Mientras tanto, llevaremos a ebullición tres cuartos de litro de agua con el extracto de carne, añadiendo una cucharada de sal (o bien el cubito, sin añadir sal). Pondremos el arroz en la cacerola que contiene las verduras, subiendo el fuego, removiendo para que el sabor se reparta uniformemente. Sin dejar de remover, verteremos el caldo hirviendo y continuaremos la cocción a fuego alto, añadiendo caldo a medida que vaya siendo absorbido. Cuando la cocción esté casi finalizada, añadiremos la nata, la mantequilla restante y el parmesano, removiendo para que los ingredientes queden bien mezclados. Serviremos caliente.

Macarrones al pesto

tipo: A, L — nivel energético: **

Calorías: 541
Glúcidos: 73 g
Proteínas: 16 g
Lípidos: 22 g

Tiempo necesario:
45 minutos

Ingredientes para 4 personas:

320 g de macarrones
dos puñados de perejil (unos 20 g)
uno o dos dientes de ajo
dos cucharadas de piñones
30 g de queso rallado
20 g de parmesano
seis cucharadas de aceite de oliva
una cucharada de requesón fresco
sal

Llevaremos a ebullición una olla de agua para cocer la pasta y la salaremos una vez que empiece a hervir. Pelaremos el ajo y lavaremos el perejil. Pondremos en la picadora (o en el mortero, donde machacaremos el perejil, ya que podemos extraer mejor su aroma), los piñones y el ajo. Al picadillo obtenido le añadiremos el requesón y los quesos rallados, y continuaremos picando hasta obtener una crema espesa. Añadiremos el aceite, poco a poco, sin dejar de remover. Lo serviremos caliente, aunque no hirviendo. Escurriremos los macarrones *al dente* y los verteremos en el pesto, mezclando bien.

Cuadrados de pasta picantes

tipo: A, L — nivel energético: **

Calorías: 426
Glúcidos: 41 g
Proteínas: 12 g
Lípidos: 24 g

Tiempo necesario: 40 minutos (más el del reposo de la pasta)

Ingredientes para 8 o 10 personas:

500 g de harina
700 g de tomates maduros
250 g de tocino
tres guindillas
un poco de queso fresco rallado
un puñado de perejil
cinco cucharadas de aceite de oliva
un pellizco de sal

Dispondremos la harina formando un volcán y verteremos en el centro 250 g de agua y un pellizco de sal, amasando hasta obtener una pasta seca y compacta, y dejándola reposar durante unos 30 minutos. Pasado este tiempo, la extenderemos con el rodillo en láminas muy finas, que cortaremos a cuadrados. Trocearemos menudo el tocino y lo freiremos en una cacerola con cinco cucharadas de aceite, añadiendo los tomates, previamente troceados, las guindillas y un pellizco de sal. Coceremos durante 10 minutos. Mientras tanto, herviremos la pasta en un recipiente adecuado y, una vez escurrida, la pasaremos a la cacerola con la salsa, removiendo a fuego vivo. Serviremos el preparado espolvoreándolo con un puñado de perejil y otro de queso rallado.

Platos a base de proteínas (carnes)

Cordero al hinojo

tipo: PG	nivel energético: **

Calorías: 354
Glúcidos: 3 g
Proteínas: 34 g
Lípidos: 23 g

Tiempo necesario:
una hora y cuarto

Ingredientes para 6 personas:

1 kg de cordero lechal
500 g de tomate maduro
una cebolla
un puñado de hinojo
aceite de oliva
sal

Cortaremos el cordero en trozos regulares y lo pondremos en una cacerola, lo rociaremos con aceite, lo salaremos y lo coceremos. Añadiremos la cebolla cortada en aros muy finos, los tomates, pelados y sin semillas, cortados en dados, y continuaremos la cocción. Aparte, herviremos el hinojo en abundante agua salada y lo añadiremos, escurrido y con un vaso de agua de la ebullición, a los trozos de cordero. Dejaremos cocer hasta que se evapore completamente el líquido. Serviremos muy caliente.

Conejo con piña

tipo: PM	nivel energético: *

Calorías: 227
Glúcidos: 5 g
Proteínas: 32 g
Lípidos: 9 g

Tiempo necesario:
una hora y
20 minutos

Ingredientes para 6 personas:

un conejo de 1,2 kg
220 g de piña en almíbar (una lata)
220 g de vino blanco seco
50 g de aceite de oliva
un cubito
vinagre de vino blanco
azúcar
salsa worcester
harina
sal

Calentaremos el aceite en una fuente y guisaremos el conejo, previamente troceado y enharinado. Salaremos y rociaremos con 70 g del agua de la conserva de las piñas y con el vinagre. Añadiremos el vino y el cubito, removeremos y rociaremos abundantemente los trozos de carne con bastante salsa worcester. Seguidamente, taparemos la fuente y coceremos a fuego lento, removiendo de vez en cuando, durante una hora. Escurriremos y cortaremos en trozos las rodajas de piña y las pondremos en una sartén con una cucharada de azúcar y dos de vinagre; seguidamente, acaramelarlas a fuego vivo. Se añadirán al conejo, removiendo y dejando cocer durante 10 minutos más. Seviremos muy caliente.

Conejo al limón

tipo: PM	nivel energético: *

Calorías: 228
Glúcidos: 3 g
Proteínas: 41 g
Lípidos: 6 g

Tiempo necesario:
una hora

Ingredientes para 6 personas:

1.500 g de conejo
dos escalonias
120 g de puerro
dos limones
un pellizco de tomillo
un vaso de vino blanco seco
tres cucharadas de aceite de oliva
sal

Cortaremos el conejo en trozos regulares, lo limpiaremos y escurriremos. Cortaremos el puerro y las escalonias en rodajas muy finas, las doraremos en una cacerola, en la que habremos vertido tres cucharadas de aceite. Añadiremos los trozos de conejo y los freiremos a fuego vivo. Añadiremos el tomillo, un poco de sal y el vino blanco. Taparemos y coceremos a fuego bajo durante 30 minutos. A continuación, rociaremos con el zumo de limón y continuaremos la cocción durante 20 minutos más. Serviremos el conejo caliente con su salsa de cocción.

Pintada aromática

tipo: PM	nivel energético: *

Calorías: 225
Glúcidos: 0,5 g
Proteínas: 31 g
Lípidos: 10 g

Tiempo necesario:
una hora y
10 minutos

Ingredientes para 4 personas:

1 pintada de 750 g
40 g de tocino fresco
una ramita de romero
cuatro o cinco granos de pimienta
dos o tres ramitas de enebro
una ramita de salvia
una hoja de laurel

Desmenuzaremos todas las hierbas aromáticas y especias, mejor si se pasan por el mortero. Limpiaremos la pintada y la pasaremos por el fuego para eliminar las plumas. Una vez limpia y seca, la rellenaremos con un tercio del picadillo aromático y repartiremos el resto por la superficie. Salaremos por dentro y por fuera. Prepararemos una hoja de papel de aluminio para envolver perfectamente la pintada y pondremos en el fondo una loncha de tocino. Pondremos encima la pintada y la cubriremos con las otras lonchas de tocino. Cerraremos el papel, la pondremos en una fuente y la introduciremos en el horno a 200 °C durante una hora.

Filetes de ternera al horno

tipo: PG	nivel energético: *

Calorías: 249
Glúcidos: 1 g
Proteínas: 19 g
Lípidos: 19 g

Tiempo necesario:
10 minutos

Ingredientes para 1 persona:

100 g de carne de ternera cortada muy fina
media cucharada de mostaza
un pellizco de perejil picado
una cucharada de zumo de limón
15 g de aceite de oliva
sal
pimienta

Dispondremos los filetes de carne en un plato y los introduciremos durante algunos minutos en el horno, a una temperatura de 230 °C. Mezclaremos en un cuenco la mostaza, la sal, la pimienta, una cucharada de zumo de limón y el perejil, añadiendo un poco de aceite. Retiraremos la carne del horno, distribuiremos la salsa preparada por encima y serviremos.

Palomino con corteza de sal

tipo: PM	nivel energético: *

Calorías: 242
Glúcidos: 0
Proteínas: 27 g
Lípidos: 14 g

Tiempo necesario:
30 minutos

Ingredientes para 1 persona:

un palomino desplumado y limpio
una ramita de romero
una corteza de limón
una corteza de naranja
sal

Encenderemos el horno a una temperatura de 200 °C. Pasaremos el palomino por el fuego, para eliminar los posibles restos de plumas, lo lavaremos y secaremos. Seguidamente, introduciremos en su interior las cortezas de naranja, limón y el romero. Pondremos en una cacerola, adecuada para el horno, una capa de sal, pondremos encima la carne y la cubriremos completamente de sal. Introduciremos todo en en el horno hasta que la sal se haya solidificado; a continuación, romperemos la corteza de sal y extraeremos el palomino.

Rollitos de pavo con espinacas

tipo: PG | nivel energético: **

Calorías: 480
Glúcidos: 7 g
Proteínas: 35 g
Lípidos: 35 g

Tiempo necesario:
una hora

Ingredientes para 4 personas:

ocho filetes de pavo
500 g de espinacas
300 g de tomate maduro
80 g de mantequilla
50 g de jamón
una cebolla pequeña
20 g de aceite de oliva
sal
pimienta

Herviremos las espinacas y, una vez escurridas, las freiremos a fuego lento con 30 g de mantequilla, y las salpimentaremos. Las verteremos en un plato. Sofreiremos la cebolla, cortada en aros muy finos, con 30 g de mantequilla y dos cucharadas de aceite. Seguidamente, añadiremos los tomates, previamente triturados y pasados por el tamiz. Dispondremos sobre los filetes de pavo un poco de espinacas, una loncha de jamón y una nuez de mantequilla. Formaremos unos rollitos y los ataremos con hilo de cocina o con unos palillos. Los pondremos en la cazuela que contiene el tomate, sazonaremos con pimienta y los coceremos a fuego lento durante 30 minutos, dándoles la vuelta de vez en cuando. Finalizada la cocción, los serviremos en su salsa.

Albóndigas de cordero sabrosas

tipo: PM nivel energético: **

Calorías: 379
Glúcidos: 9 g
Proteínas: 42 g
Lípidos: 19,5 g

Tiempo necesario: una hora

Ingredientes para 4 personas:

700 g de chuletas de cordero (dos)
350 g de tomate
100 g de pimiento rojo
100 g de pimiento verde
200 g de berenjenas
dos cebolletas
un puñado de orégano
un ramito de romero picado
siete cucharadas de aceite de oliva
un tercio de vaso de vino blanco seco
sal

Separaremos la carne de las chuletas, usando un cuchillo afilado, y la condimentaremos con la sal, y el romero picado. Dejaremos la carne durante unos 30 minutos para que tome sabor. Lavaremos y saltearemos los pimientos, cortándolos en dados. Lavaremos la berenjena y la cortaremos también en dados. En una sartén grande doraremos, con cuatro cucharadas de aceite y un diente de ajo, la berenjena con las cebolletas, cortadas en aros muy finos, salaremos y añadiremos los pimientos y los tomates, previamente troceados y sin las semillas; espolvorearemos con un poco de orégano y dejaremos cocer durante 10 minutos. Mientras tanto, dividiremos los filetes de cordero en dos o tres trozos y los coceremos con tres cucharadas de aceite a fuego vivo, hasta que queden bien dorados por ambos lados. Los rociaremos con el vino blanco y los pasaremos, con su salsa de cocción, a la sartén de las verduras. Seguidamente, taparemos y coceremos a fuego moderado durante 15 minutos más. Finalizada la cocción, cortaremos la carne en trozos pequeños y serviremos espolvoreándolos con perejil.

Ternera a la campesina

tipo: PG nivel energético: **

Calorías: 407
Glúcidos: 13 g
Proteínas: 29 g
Lípidos: 26 g

Tiempo necesario:
20 minutos

Ingredientes para 4 personas:

500 g de ternera magra (filete)
dos cucharadas de alcaparras
dos cucharadas de mostaza
dos puñados de perejil
zumo de dos limones
cuatro cucharadas de aceite de oliva
un pellizco de sal y pimienta

Para la salsa campesina:

600 g de tomate
300 g de lechuga
240 g de judías verdes
240 g de pimiento rojo y verde
240 g de zanahorias
150 g de cebolla
dos cucharadas de vinagre
cuatro cucharadas de aceite de oliva
dos pellizcos de sal

Limpiaremos las zanahorias y las cortaremos en dados. Las herviremos en agua con unas gotas de vinagre. A media cocción, añadiremos las judías verdes. Cortaremos también en dados los pimientos y tomates. Cuando las verduras estén cocidas y ya frías, las mezclaremos con las crudas, o sea, la lechuga y la cebolla cortada en aros finos. Añadiremos el perejil picado, un pellizco de sal, el aceite y el vinagre. Pondremos el filete sobre la madera de cocina y lo trituraremos con un cuchillo afilado. Dispondremos ahora la carne en un cuenco y la condimentaremos con la mostaza, las alcaparras, el perejil picado, el zumo de limón, el aceite de oliva y un pellizco de sal y pimienta. Formaremos un medallón y lo pondremos en el centro de la salsa campesina, que se habrá dispuesto en una fuente. Serviremos rápidamente.

Ternera con champiñones

tipo: PM nivel energético: **

Calorías: 301
Glúcidos: 10 g
Proteínas: 35 g
Lípidos: 14 g

Tiempo necesario:
50 minutos

Ingredientes para 4 personas:

150 g de ternera (en un solo filete)
una zanahoria pequeña
una rama de apio
un trozo de puerro (o cebolla)
algunos champiñones
un pellizco de tomillo
un tomate pelado
un puñado de perejil picado
una cucharada de aceite de oliva
sal

Lavaremos, escurriremos y cortaremos en dados las verduras. Las sofreiremos con una cucharada de aceite; primero, la zanahoria, y después el apio, el puerro y los champiñones. Seguidamente, añadiremos el tomate, troceado y sin semillas, el tomillo y el perejil, salaremos y coceremos durante 10 minutos con la cazuela destapada. Aparte, pondremos en una sartén antiadherente, o en una parrilla, muy caliente, el medallón de carne y lo coceremos por ambos lados. Lo pondremos, a continuación, en una hoja de papel de aluminio, distribuiremos por encima las verduras y lo meteremos en el horno durante 10 minutos.

Platos a base de proteínas (pescados)

Dorada en camisa

tipo: PM	nivel energético: *

Calorías: 186
Glúcidos: 1 g
Proteínas: 21 g
lípidos: 10 g

Tiempo necesario:
40 minutos

Ingredientes para 4 personas:

una dorada de 800 g
20 g de cebolla pelada
un puñado de hinojo
dos dientes de ajo
70 g de tomate
medio vaso de vino blanco seco
cuatro cucharadas de aceite de oliva
sal y pimienta

Limpiaremos la dorada, abriéndola desde la cavidad anal hasta las agallas. La lavaremos y escrurriremos. Eliminaremos las escamas y, una vez salpimentada por su interior, la dispondremos en una hoja de papel de aluminio. Repartiremos por encima la cebolla cortada en aros, el hinojo, los dientes de ajo enteros y rectificaremos de sal y pimienta. Cortaremos el tomate en rodajas y decoraremos con ellas la dorada, que rociaremos con el vino y el aceite de oliva. Taparemos el pescado con otra hoja de aluminio y la uniremos a la primera. Lo pondremos todo en una placa y lo dejaremos cocer en el horno a una temperatura de 200 °C durante 30 minutos.

Dentón con alcachofas

tipo: PM — nivel energético: **

Calorías: 240
Glúcidos: 3 g
Proteínas: 28,5
Lípidos: 13 g

Tiempo necesario: 30 minutos

Ingredientes para 4 personas:

un dentón de 1 kg (o cuatro más pequeños)
cinco alcachofas medianas
un diente de ajo
un puñado de perejil
zumo de un limón
medio vaso de vino blanco seco
cuatro cucharadas de aceite de oliva
sal y pimienta

Preparemos el dentón, abriéndolo desde la cavidad anal hasta las agallas. Lo descamaremos, lavaremos con agua corriente y escurriremos. Lo sazonaremos por dentro y por fuera con sal y pimienta. Pelaremos las alcachofas, eliminando las espinas y las primeras hojas más fibrosas. Las cortaremos por la mitad y les quitaremos el corazón. Una vez lavadas, las cortaremos en gajos muy finos, que doraremos en una sartén, donde se habrá calentado el aceite con el diente de ajo entero. Una vez cocidas las alcachofas, las repartiremos por encima del pescado y lo rociaremos todo con el vino y el zumo del limón. Añadiremos el perejil finamente picado, taparemos y dejaremos cocer a fuego lento durante 20 minutos. Finalizada la cocción, eliminaremos el ajo y pondremos el dentón en una fuente con su salsa de cocción.

Pagel mediterráneo

tipo: PM nivel energético: **

Calorías: 351
Glúcidos: 19,5 g
Proteínas: 33 g
Lípidos: 16 g

Tiempo necesario:
40 minutos

Ingredientes para 1 persona:

250 g de tomate
un pagel de unos 250 g
una cebolla de unos 60 g
50 g de guisantes
50 g de judías verdes
perejil, tomillo, romero y orégano
un diente de ajo
aceite de oliva
vino blanco seco
sal y pimienta negra

Limpiaremos el pagel, eliminando las vísceras. Lo descamaremos, lavaremos con agua corriente y lo escurriremos. Una vez abierto en forma de zig-zag el dorso (lo que facilitará la cocción), le introduciremos en el vientre una ramita de tomillo y otra de romero. Salpimentaremos y lo dispondremos en una fuente, rociándolo con una cucharada de aceite, cuatro de vino y medio cucharón de agua fría. Añadiremos también un diente de ajo, un puñado de perejil y un pellizco de orégano. Taparemos y dejaremos cocer el pagel a fuego moderado durante 20 minutos. Mientras tanto, herviremos las judías verdes y los guisantes y escaldaremos los tomates, que cortaremos en dados. Retiraremos el pagel de la fuente y lo mantendremos caliente. Subiremos el fuego para que se evapore el fondo de cocción, una vez eliminadas las hierbas del condimento. Cuando el fondo de cocción esté concentrado, coceremos los tomates, la cebolla cortada en aros, las judías verdes troceadas y los guisantes. Rectificaremos de sal y pimienta, y añadiremos un picadillo de tomillo y perejil. Dispondremos el pagel en una bandeja, lo espolvorearemos con el perejil picado y lo acompañaremos con una guarnición de verduras.

Albóndigas de merluza

tipo: PM nivel energético: *

Calorías: 171
Glúcidos: 5 g
Proteínas: 21 g
Lípidos: 7 g

Tiempo necesario: una hora

Ingredientes para 4 personas:

500 g de filetes de merluza
170 g de salsa de tomate
un huevo
un diente de ajo
tres escalonias
dos puñados de perejil
harina (para enharinar)
dos hojas de laurel
un pellizco de azafrán
dos cucharadas de vinagre
un vaso de vino blanco seco
tres cucharadas de aceite de oliva
sal y pimienta

Pasaremos los filetes de merluza por la picadora eléctrica. En un cuenco mezclaremos la masa obtenida con el huevo y un picadillo de ajo y perejil. Añadiremos un pellizco de sal y pimienta. Haremos unas pequeñas albóndigas (grandes como una nuez) y las enharinaremos ligeramente. Limpiaremos la escalonia y la coceremos en una sartén con aceite. Añadiremos seguidamente las albóndigas y las coceremos. Rociaremos con el vino y, cuando éste se haya evaporado, con el vinagre. Añadiremos el tomate, un poco de agua caliente, el laurel y un pellizco de azafrán. Dejaremos cocer a fuego moderado, tapado, durante 25 minutos. Si, una vez finalizada la cocción, la salsa resultara demasiado líquida, retiraremos las albóndigas y subiremos el fuego para que se evapore. Pondremos de nuevo las albóndigas para recalentarlas.

Rodaballo con salsa aromática

tipo: PM nivel energético: **

Calorías: 283
Glúcidos: 6 g
Proteínas: 36,5 g
Lípidos: 13 g

Tiempo necesario:
50 minutos

Ingredientes para 4 personas:

1.600 g de rodaballo
80 g de puerros
medio vaso de vino blanco seco
sal y pimienta

para la salsa:

150 g de berenjenas
100 g de pimiento rojo
un diente de ajo
un puñado de perejil
cuatro cucharadas de aceite de oliva
sal y pimienta

Limpiaremos el rodaballo, eliminando las vísceras, la cabeza y las aletas laterales. Seguidamente, lo cortaremos en trozos no demasiado gruesos, disponiéndolos en un plato. Prepararemos un picadillo con el puerro y espolvorearemos con él los trozos de pescado, añadiendo sal y pimienta. Rociaremos con el vino blanco y cubriremos el plato con plástico transparente. Dejaremos marinar el rodaballo en el frigorífico durante unos 40 minutos. Limpiaremos el pimiento y la berenjena, cortándolos ambos en dados. En una sartén, verteremos dos cucharadas de aceite y doraremos un diente de ajo. Añadiremos las verduras, rectificando de sal y pimienta. Dejaremos cocer a fuego vivo durante 10 minutos. Una vez cocidas las verduras, las pondremos en la picadora junto con el perejil, dos cucharadas de aceite y un pellizco de sal, y las picaremos hasta obtener una salsa ligeramente espesa. Escurriremos los trozos de pescado y los coceremos a la parrilla durante unos 3 o 4 minutos por lado. Finalizada la cocción, los dispondremos en una fuente, los rociaremos con la salsa de verduras y los serviremos.

Sargo a los mil aromas

tipo: PG	nivel energético: *

Calorías: 199
Glúcidos: 2 g
Proteínas: 18 g
Lípidos: 13 g

Tiempo necesario:
45 minutos

Ingredientes para 4 personas:

cuatro sargos (unos 800 g)
30 g de piñones
una ramita de tomillo
un puñado de perejil
un tomate mediano
un diente de ajo
medio vaso de vino blanco seco
dos cucharadas de aceite de oliva
sal

Prepararemos los sargos, eliminando las vísceras, abriéndolos desde la cavidad anal hasta las agallas. Los descamaremos y rasparemos bajo agua corriente. Los escurriremos y, para mejorar la cocción, realizaremos un corte en zig-zag por los lados de los pescados. Introduciremos el tomillo en el vientre y salaremos. Dispondremos los pescados en una fuente, los rociaremos con el aceite y el vino blanco y, seguidamente, los meteremos en el horno a 220 °C durante 20 minutos. Una vez cocidos, los dejaremos enfriar. Finalizada la cocción, dispondremos los sargos en un plato y los mantendremos calientes. Recogeremos en una cazuela el fondo de cocción de los pescados y dejaremos que disminuya a fuego vivo. Una vez reducida la salsa, añadiremos los piñones picados, el perejil y el ajo, ambos también finamente picados. Cortaremos el tomate en dados. Verteremos por encima de los sargos la salsa concentrada y el tomate en dados. Serviremos inmediatamente.

Salmonetes con tomate

tipo: PG nivel energético: *

Calorías: 165
Glúcidos: 3,5 g
Proteínas: 12 g
Lípidos: 11,5 g

Tiempo necesario:
25 minutos

Ingredientes para 4 personas:

ocho salmonetes pequeños (800 g)
300 g de tomate cortado en dados
laurel
un diente de ajo
tres cucharadas de aceite
sal y pimienta

Limpiaremos los salmonetes, eliminando las vísceras. Los descamaremos, lavaremos y escurriremos. En una olla a presión, pondremos el tomate en dados, una hoja de laurel desmenuzada y un diente de ajo machacado. Salpimentaremos y añadiremos los pescados. Llevaremos a ebullición y, a continuación, cerraremos la olla, calculando 3 minutos de cocción después del silbido. Al finalizar la cocción, dispondremos los salmonetes en un plato, los cubriremos con su salsa y el aceite de oliva. Serviremos rápidamente.

Truchas aromáticas

tipo: A, PG nivel energético: **

Calorías: 228
Glúcidos: 17 g
Proteínas: 16 g
Lípidos: 11 g

Tiempo necesario:
35 minutos

Ingredientes para 4 personas:

cuatro truchas
seis rebanadas de pan de molde
dos yemas
un puñado de perejil
seis hojas de menta
ocho ramitas de romero
una cucharada de aceite
un pellizco de sal

Prepararemos las truchas, las lavaremos y escurriremos. Desmenuzaremos el pan de molde, lo pondremos en un cuenco, añadiremos las yemas, un picadillo de menta, perejil y romero, y salaremos ligeramente. Distribuiremos el preparado por el interior de las truchas, las cerraremos, dispondremos sobre cada pescado una ramita de romero y envolveremos cada una de ellas con una hoja de papel especial de cocina. Rociaremos cada envoltorio con un chorrito de aceite y los introduciremos en el horno, previamente calentado a 200 °C durante 20 minutos.

Ensalada de anchoas

tipo: PM — nivel energético: *

Calorías: 137
Glúcidos: 1 g
Proteínas: 16 g
Lípidos: 7 g

Tiempo necesario:
30 minutos

Ingredientes para 4 personas:

500 g de anchoas frescas
dos cucharadas de aceite de oliva
un diente de ajo
un puñado de perejil picado
un filete de anchoa en salmuera
un vaso de vino blanco seco
sal

Prepararemos las anchoas, eliminando la cabeza y la espina central, sin abrirlas. Lavaremos los pescados bajo el grifo y los escurriremos. En una sartén, doraremos con aceite el picadillo de ajo y perejil. Añadiremos la anchoa en salmuera, lavada y sin espinas, y la coceremos a fuego lento hasta que se deshaga. Añadiremos el vino blanco y rectificaremos de sal. Pasados algunos minutos, dispondremos las anchoas alineadas en la cazuela y dejaremos cocer durante 10 minutos más.

Platos de verdura cocida

Brécol al horno

tipo: Vbg	nivel energético: *

Calorías: 86
Glúcidos: 4 g
Proteínas: 3 g
Lípidos: 6 g

Tiempo necesario:
45 minutos

Ingredientes para 4 personas:

750 de brécol
120 g de cebolla
un pimiento rojo
aceite de oliva
sal y pimienta

Pelaremos y lavaremos los brécoles, los herviremos durante 5 minutos en abundante agua salada y los escurriremos. Cortaremos los troncos en láminas, los dispondremos en una fuente y distribuiremos por encima los brécoles. Cortaremos la cebolla en aros muy finos y la repartiremos sobre los brécoles. Trocearemos el pimiento y lo distribuiremos también. Salpimentaremos y rociaremos con un chorrito de aceite. Taparemos la fuente con una hoja de papel de aluminio y la introduciremos en el horno a 190 °C durante 25 minutos.

Zanahorias a la parmesana

tipo: Vmg, L — nivel energético: *

Calorías: 155
Glúcidos: 10 g
Proteínas: 3 g
Lípidos: 12 g

Tiempo necesario:
40 minutos

Ingredientes para 4 personas:

500 g de zanahorias
25 g de mantequilla
15 g de aceite de oliva
dos cucharadas de parmesano
sal

Llevaremos a ebullición, en una cazuela adecuada, 2 l de agua salada. Rasparemos ligeramente las zanahorias y las pondremos en el agua hirviendo. Las dejaremos cocer durante 15 minutos y, seguidamente, las escurriremos y cortaremos en rodajas. En una sartén derretiremos la mantequilla con el aceite, añadiremos las zanahorias y las dejaremos 10 minutos para que tomen el sabor. Añadiremos el parmesano y continuaremos la cocción durante 5 minutos más. Serviremos las zanahorias templadas.

Zanahorias exóticas

tipo: Vmg, L | nivel energético: **

Calorías: 232
Glúcidos: 26 g
Proteínas: 2,5 g
Lípidos: 13 g

Tiempo necesario:
30 minutos

Ingredientes para 4 personas:

600 g de zanahorias
50 g de mantequilla
50 g de pasas
50 g de piñones
dos cucharadas de azúcar
dos limones
pimienta

Rasparemos y lavaremos las zanahorias, las doraremos a fuego lento en una cazuela, donde previamente se habrá derretido la mantequilla. Las rociaremos con el zumo colado de los limones, añadiremos el azúcar, las pasas y los piñones, y sazonaremos ligeramente con pimienta. Removeremos y coceremos con el recipiente tapado y el fuego bajo durante 20 minutos más, hasta que el líquido de cocción se espese.

Fantasía de verduras

tipo: Vbg	nivel energético: *

Calorías: 166
Glúcidos: 8 g
Proteínas: 3 g
Lípidos: 14 g

Tiempo necesario:
30 minutos

Ingredientes para 4 personas:

300 g de apio
300 g de zanahorias
un puerro
caldo
dos tomates pelados
un puñado de hinojo
nuez moscada
cuatro cucharadas de aceite de oliva
una nuez de mantequilla
sal y pimienta

Pelaremos y lavaremos las verduras, cortaremos las zanahorias en rodajas y el apio en tiras. Los herviremos durante tres minutos en agua salada hirviendo y escurriremos. Sofreiremos en una sartén, con cuatro cucharadas de aceite y la nuez de mantequilla, el puerro picado previamente. Añadiremos el apio, las zanahorias y los tomates troceados. Dejaremos que tome sabor, salpimentaremos, rociaremos con media taza de caldo y dejaremos cocer hasta que el fondo de cocción sea cremoso. Añadiremos el hinojo y aromatizaremos con un pellizco de nuez moscada antes de servir.

Hinojo con anchoas

tipo: Vbg, L   nivel energético: *

Calorías: 149
Glúcidos: 3 g
Proteínas: 5 g
Lípidos: 13 g

Tiempo necesario:
50 minutos

Ingredientes para 4 personas:

700 g de hinojo
150 g de salsa de tomate
20 g de cebolla
doce aceitunas negras
tres filetes de anchoa
ajo
limón
20 g de aceite de oliva
sal y pimienta

Lavaremos y cortaremos el hinojo en láminas muy finas. Llevaremos a ebullición una cacerola con agua, aromatizada con zumo de limón, herviremos el hinojo durante 3 o 4 minutos, y lo escurriremos. En una cazuela doraremos, con una cucharada de aceite, la cebolla cortada en aros muy finos, añadiremos la salsa de tomate y el ajo, y dejaremos cocer durante 5 minutos. Dispondremos en el fondo de una fuente, ligeramente untada con aceite, las láminas de hinojo; cubriremos con salsa de tomate los filetes de anchoas y las aceitunas negras. Salpimentaremos y lo rociaremos todo con un chorrito de aceite. Lo dejaremos en el horno, a una temperatura de 200 °C, durante 20 minutos.

Rollitos de berenjena

tipo: Vbg, L — nivel energético: *

Calorías: 138
Glúcidos: 5,5 g
Proteínas: 6,5 g
Lípidos: 10 g

Tiempo necesario:
50 minutos

Ingredientes para 4 personas:

350 g de berenjenas
150 g de calabacín
70 g de apio
70 g de puerro
70 g de emmental
una rebanada de pan de molde
un puñado de perejil
tres cucharadas de aceite de oliva
sal

Pelaremos la berenjena, la lavaremos y escurriremos. Seguidamente, la cortaremos a lo largo en láminas finas. Las pondremos en un escurridor, las salaremos y dejaremos escurrir. Mientras tanto, cortaremos las puntas del puerro, el calabacín y el apio. Los lavaremos y cortaremos en juliana. Haremos lo mismo con el queso. En una sartén, calentaremos el aceite de oliva y doraremos las verduras cortadas en juliana, a fuego vivo (durante 3 o 4 minutos, como máximo). Cuando las verduras estén a punto, las salaremos y dejaremos enfriar. En una parrilla caliente, pasaremos las berenjenas por ambos lados, procurando que no se tuesten demasiado. Dispondremos en el centro de cada lámina de berenjena la juliana de verduras y de queso y las cerraremos, enrollándolas sobre sí mismas. Pondremos lo rollitos en una fuente, los salaremos y espolvorearemos con el pan de molde pasado por la picadora. Añadiremos el picadillo de perejil, un chorrito de aceite e introduciremos en el horno, a 180 °C, durante 10 minutos (debe gratinarse ligeramente). Serviremos los rollitos muy calientes.

Patatas a la sal aromática

tipo: Vmg, A — nivel energético: *

Calorías: 120
Glúcidos: 15,5 g
Proteínas: 1,5 g
Lípidos: 6 g

Tiempo necesario:
30 minutos

Ingredientes para 4 personas:

350 g de patatas nuevas pequeñas y del mismo tamaño
diez hojas de menta
una ramita de romero
cinco cucharadas de aceite
una cucharada de sal

Pelaremos las patatas y las pondremos en un cuenco, rociándolas con el aceite y dándoles la vuelta, para que tomen bien el sabor por ambos lados. A continuación, las dispondremos sobre la placa del horno, previamente calentado a 220 °C. Mientras tanto, en una taza, mezclaremos una cucharada de sal con el picadillo de romero y menta. Interrumpiremos la cocción de las patatas pasados 20 minutos y las espolvorearemos con la sal aromática, preparada anteriormente, les daremos la vuelta y las dejaremos en el horno durante 10 minutos más. Serviremos esta preparación caliente.

Póquer de verduras

tipo: Vbg   nivel energético: *

Calorías: 111
Glúcidos: 4 g
Proteínas: 1 g
Lípidos: 10 g

Tiempo necesario:
45 minutos

Ingredientes para 6 personas:

200 g de pimiento rojo
300 g de calabacín
200 g de cebolletas
150 g de judías verdes
un puñado de orégano
media taza de caldo
cuatro cucharadas de aceite de oliva
sal

Cortaremos la punta de los calabacines y los lavaremos y cortaremos en rodajas. Pelaremos el pimiento y lo trocearemos menudo. Cortaremos las cebolletas en gajos. Coceremos la verdura en una sartén con cuatro cucharadas de aceite. Espolvorearemos con el orégano, salaremos y, pasados 3 o 4 minutos de cocción, verteremos el caldo. Taparemos y coceremos a fuego moderado durante 15 minutos. Mientras tanto, herviremos las judías verdes, las escurriremos y las añadiremos a las demás verduras, dejándolas cocer durante 5 minutos más. Serviremos caliente.

Tomates gratinados a la menta

tipo: Vmg nivel energético: **

Calorías: 194
Glúcidos: 14 g
Proteínas: 6 g
Lípidos: 13 g

Tiempo necesario:
30 minutos

Ingredientes para 4 personas:

cuatro tomates maduros pero duros
dos rebanadas de pan de molde
dos cucharadas de parmesano rallado
una cucharada de menta
aceite de oliva
sal y pimienta

Lavaremos, escurriremos y cortaremos los tomates en rodajas, disponiéndolos en uno o más platos, adecuados para el horno. Trituraremos el pan de molde, añadiremos el parmesano y la menta y salpimentaremos. Espolvorearemos las rodajas de tomate con este picadillo, rociaremos con un chorrito de aceite y pasaremos el preparado por el *grill*, hasta que se forme una capa crujiente. Serviremos los tomates templados.

Puré de guisantes

tipo: Vmg, A, L	nivel energético: **

Calorías: 254
Glúcidos: 14 g
Proteínas: 6,5 g
Lípidos: 19 g

Tiempo necesario:
una hora y media

Ingredientes para 4 personas:

400 g de guisantes (pueden ser secos o congelados)
una lechuga
una zanahoria
una cebolla
algunas hojas de menta
una cucharada de harina
1 dl de nata
50 g de mantequilla
sal

Pelaremos y lavaremos la zanahoria y la lechuga, las pondremos en una cazuela con media cebolla y con los guisantes (si se usan guisantes secos, los dejaremos previamente en remojo durante 12 horas) lo cubriremos todo con agua y lo llevaremos a ebullición. Salaremos y dejaremos cocer con la cazuela tapada y a fuego lento durante una hora. Escurriremos y lo pasaremos todo por el pasapurés, conservando el agua de cocción. En una cacerola sofreiremos con la mantequilla la cebolla restante, cortada en aros finos. Añadiremos una cucharada de harina, para espesar, y después el puré de verduras, la nata y la menta triturada. Si el puré resultase demasiado denso, se puede añadir un poco de agua de la cocción de los guisantes. Dejaremos cocer durante 2 o 3 minutos más, hasta que todo quede bien mezclado. Serviremos caliente.

Pastelitos de calabaza y espinacas

tipo: Vbg nivel energético: *

Calorías: 170
Glúcidos: 10 g
Proteínas: 6,5 g
Lípidos: 12 g

Tiempo necesario: una hora (más 40 minutos para precocción de la calabaza)

Ingredientes para 8 personas:

1.200 g de calabaza
350 g de espinacas hervidas
100 g de crema de leche
cinco huevos
un pellizco de nuez moscada rallada
una nuez de mantequilla
una cuchara de pan rallado
sal

Coceremos en el horno, previamente calentado a 200 °C, durante 40 minutos, la calabaza, cortada en láminas y sin semillas. La pelaremos y pasaremos por el pasapurés, recogiendo la pulpa en una terrina. Añadiremos dos huevos, mezclando bien, salando ligeramente y aromatizando con un pellizco de nuez moscada rallada. Verteremos el preparado en ocho moldes de flan, untados con mantequilla y revestidos con pan rallado, nivelando bien la pasta. Pondremos en un cuenco las espinacas trituradas, les añadiremos los huevos y mezclaremos; seguidamente, añadiremos la nata, salaremos y aromatizaremos con la nuez moscada. Verteremos el preparado en los ocho moldes nivelándolos bien, y los pondremos en un recipiente lleno de agua caliente. Lo cubriremos todo con papel de aluminio y lo dejaremos en el horno, a 200 °C, durante 45 minutos. Dejaremos enfriar en el horno durante unos minutos y, a continuación, serviremos.

Calabacines a la lima

tipo: Vmg, A nivel energético: **

Calorías: 189
Glúcidos: 21 g
Proteínas: 3,5
Lípidos: 10 g

Tiempo necesario: 40 minutos (más el tiempo necesario para freír)

Ingredientes para 6 personas:

350 g de calabacines pequeños, con su flor
tres limas
dos cucharadas de harina
un puñado de perejil triturado
70 g de aceite de oliva
un pellizco de sal

Separaremos la flor de los calabacines, las lavaremos, escurriremos y les quitaremos el pistilo interno. Las enharinaremos ligeramente y las freiremos en aceite abundante. Lavaremos también los calabacines, los cortaremos en rodajas muy finas y los dejaremos macerar durante 15 minutos en una salsa compuesta de 70 g de aceite, el zumo de una lima y un pellizco de sal. Dispondremos los calabacines en un plato, los espolvorearemos con el picadillo de perejil, los decoraremos con las flores fritas y los gajos de lima dispuestos encima de cada flor.

Platos de verdura cruda

Ensalada con salsa de nueces

tipo: Vbg	nivel energético: *

Calorías: 97
Glúcidos: 5 g
Proteínas: 5 g
Lípidos: 6 g

Tiempo necesario:
20 minutos

Ingredientes para 4 personas:

100 g de achicoria
100 g de champiñones
dos calabacines pequeños
un hinojo
una cebolleta
una cucharada de nueces picadas
una cucharada de avellanas picadas
250 g de yogur desnatado
un puñado de cebollino
sal y pimienta

Lavaremos y escurriremos la achicoria, que pondremos en una ensaladera con el hinojo cortado muy fino, los calabacines cortados en juliana y los champiñones, en láminas muy finas. Prepararemos la salsa troceando muy menuda la cebolleta, añadiremos las nueces y las avellanas, un pellizco de pimienta, el cebollino troceado y el yogur; salaremos, mezclaremos los ingredientes y condimentaremos la ensalada con este preparado.

Ensalada con salsa de yogur

tipo: Vmg	nivel energético: *

Calorías: 145
Glúcidos: 12 g
Proteínas: 7 g
Lípidos: 8 g

Tiempo necesario:
20 minutos

Ingredientes para 4 personas:

una lechuga
un corazón de apio
un pimiento
un pepino
dos tomates maduros
un puñado de perejil triturado
500 g de yogur natural
2 cucharadas de aceite de oliva
sal

Lavaremos la lechuga y la escurriremos, desmenuzándola en trozos grandes, y la pondremos en un cuenco; añadiremos el pepino pelado y cortado en rodajas, el pimiento en láminas finas y el apio troceado. Aparte, prepararemos una salsa vertiendo en una taza el yogur, añadiendo el perejil y la escalonia triturada y los tomates, sin piel ni semillas, cortados en dados. Salaremos, rociaremos con dos cucharadas de aceite y removeremos. Verteremos el preparado sobre la ensalada y mezclaremos bien todos los ingredientes.

Ensalada con apio

tipo: Vbg, L — nivel energético: **

Calorías: 190
Glúcidos: 6 g
Proteínas: 4 g
Lípidos: 17 g

Tiempo necesario:
30 minutos

Ingredientes para 4 personas:

un apio
una ensalada
dos achidorias rojas
ocho aceitunas verdes sin hueso
un puñado de perejil fresco
el zumo de medio limón
ocho cucharadas de aceite de oliva
sal y pimienta

Pelaremos el apio, lo lavaremos, escurriremos y cortaremos en juliana o en láminas muy finas; y lo pondremos en una ensaladera. A parte, prepararemos una salsa poniendo en una taza un pellizco de sal y uno de pimienta; añadiremos el zumo del limón, removiendo y vertiendo poco a poco el aceite (unas ocho cucharadas). Cubriremos el apio con esta preparación y lo dejaremos reposar durante media hora. Lavaremos y escurriremos la ensalada y la achicoria, las cortaremos en trozos grandes y las añadiremos al apio, junto con las aceitunas cortadas en rodajas. Mezclaremos los ingredientes y espolvorearemos con un puñado de perejil fresco.

Ensalada de zanahorias con semillas de calabaza y girasol

tipo: Vbg	nivel energético: *

Calorías: 91
Glúcidos: 5 g
Proteínas: 2 g
Lípidos: 7 g

Tiempo necesario:
20 minutos

Ingredientes para 1 persona:

50 g de zanahorias
40 g de nabos
30 g de apio
10 g de semillas de girasol
10 g de semillas de calabaza
una cucharada de aceite de oliva
una cucharada de vinagre
un pellizco de sal

Lavaremos las zanahorias, el nabo y el apio, previamente pelados. Cortaremos todas las verduras en juliana y las pondremos en una ensaladera. Seguidamente, añadiremos las semillas de girasol y las de calabaza, sin la piel. Condimentaremos la ensalada con una salsa preparada, mezclando el aceite con el vinagre y la sal.

Ensalada de tomates

tipo: Vbg, L — nivel energético: *

Calorías: 131
Glúcidos: 5 g
Proteínas: 1 g
Lípidos: 12 g

Tiempo necesario:
20 minutos

Ingredientes para 4 personas:

tres o cuatro tomates maduros pero duros
una cebolla
seis aceitunas verdes
seis aceitunas negras
una cucharada de perejil triturado
aceite de oliva
sal

Lavaremos los tomates, los escurriremos y les quitaremos la parte más dura del centro. Los cortaremos en rodajas y los pondremos en un cuenco. Pelaremos y cortaremos la cebolla en aros muy finos, dispondremos encima los tomates y añadiremos las aceitunas sin hueso y el perejil triturado. Rociaremos con el aceite y salaremos. Serviremos después de haber dejado macerar la preparación durante media hora.

Ensalada de espinacas

tipo: Vbg, L	nivel energético: *

Calorías: 141
Glúcidos: 5,5 g
Proteínas: 2 g
Lípidos: 12 g

Tiempo necesario: 20 minutos (más una hora de maceración)

Ingredientes para 4 personas:

100 g de espinacas
un corazón de lechuga
seis cebolletas trituradas
dos cucharadas de piel de limón rallada
un puñado de perejil
dos cucharadas de vinagre de vino blanco
cuatro cucharadas de aceite de oliva

Mezclaremos en un cuenco el aceite, el vinagre, la piel de limón y el perejil, dejando reposar durante una hora. Prepararemos, lavaremos y escurriremos las espinacas y la lechuga. Las pondremos en una ensaladera con las cebolletas y verteremos la salsa preparada. Removeremos ligeramente.

Ensalada mixta con champiñones

tipo: Vbg, L	nivel energético: **

Calorías: 191
Glúcidos: 6 g
Proteínas: 6 g
Lípidos: 16 g

Tiempo necesario:
20 minutos

Ingredientes para 1 persona:

200 g de champiñones
100 g de lechuga
40 g de pepino
15 g de aceite de oliva
un limón
un pellizco de sal

Lavaremos y, escurriremos la lechuga, la cortaremos en trozos grandes y la pondremos en una ensaladera. Prepararemos y lavaremos los champiñones, cortándolos en láminas finas y añadiéndolos a la ensalada. Cortaremos el pepino en rodajas y lo añadiremos a los otros ingredientes. Prepararemos una salsa con un poco de aceite de oliva, el zumo del limón y un pellizco de sal, y la verteremos sobre la ensalada, mezclando bien todos los ingredientes.

Ensalada tricolor

tipo: Vbg — nivel energético: *

Calorías: 124
Glúcidos: 8,5 g
Proteínas: 2 g
Lípidos: 10 g

Tiempo necesario:
10 minutos

Ingredientes para 4 personas:

750 g de tomates para ensalada
400 g de pimiento rojo y verde
300 g de apio
250 g de lechuga
cuatro cucharadas de aceite de oliva
un puñado de perejil
dos cucharadas de vinagre suave
sal

Lavaremos y cortaremos los tomates en rodajas, y cortaremos los pimientos en tiras muy finas, después de haberles quitado las semillas internas. Pondremos las verduras en una terrina y añadiremos el apio cortado en dados. Lavaremos la lechuga, desechando las hojas deterioradas, y la añadiremos a las otras verduras. Aromatizaremos con un poco de perejil y salaremos la ensalada. Condimentaremos con el aceite de oliva y con dos cucharadas de vinagre suave. Sólo queda servir.

Mixto crudo y cocido

tipo: Vmg — nivel energético: **

Calorías: 254
Glúcidos: 25 g
Proteínas: 5 g
Lípidos: 15 g

Tiempo necesario:
30 minutos

Ingredientes para 4 personas:

cuatro patatas
cuatro endibias
cuatro zanahorias pequeñas
cuatro calabacines
un puñado de perejil triturado
un puñado de orégano
ocho aceitunas negras
seis pepinillos en vinagre
tres cucharadas de vinagre
cuatro cucharadas de aceite de oliva
sal

Herviremos las patatas con la piel. Lavaremos las otras verduras y las escurriremos. Cortaremos la zanahoria en tiras muy finas, los calabacines en dados, y los pepinillos en láminas y quitaremos el hueso de las aceitunas. Pelaremos las patatas y las cortaremos en rodajas, y las rociaremos con un poco de vinagre para que puedan absorber mejor el aceite. Mezclaremos todas las verduras en una fuente, añadiremos el perejil y el orégano, salaremos ligeramente, aliñaremos con el aceite, removeremos y serviremos.

Verde y blanco

tipo: Vpg, L	nivel energético: *

Calorías: 172
Glúcidos: 13 g
Proteínas: 2,5 g
Lípidos: 12 g

Tiempo necesario:
20 minutos

Ingredientes para 4 personas:

250 g de lechuga
150 g de apio

para condimentar:

doce rebanadas de pan de molde
remojado en vinagre de vino blanco
un puñado de orégano
una cucharada de alcaparras en sal
seis cucharadas de aceite de oliva
sal y pimienta

Lavaremos y escurriremos la lechuga, la pondremos en un plato, mezclándola con la parte blanca del apio, previamente cortado en rodajas. Prepararemos el condimento, desmenuzando las rebanadas de pan de molde remojado en el vinagre y poniéndolas en la batidora. Añadiremos el orégano, el aceite y las alcaparras, sin la sal. Rectificaremos de sal y pimienta y diluiremos con unos 70 g de agua fría. Con la batidora al máximo, batiremos hasta obtener una salsa espesa y homogénea. Aliñaremos la ensalada sólo en el momento de servirla.

Postres dulces y meriendas

Piña tropical

tipo: Az — nivel energético: **

Calorías: 251
Glúcidos: 60 g
Proteínas: 2 g
Lípidos: 0 g

Tiempo necesario: 20 minutos

Ingredientes para 2 personas:

una piña pequeña
medio mango
un plátano mediano
un kiwi
un limón
50 g de azúcar
una naranja

Cortaremos la piña por la mitad, vaciándola, y extrayéndole la parte más dura, cortando la pulpa en dados, y poniéndola en un cuenco. Partiremos en trozos pequeños el plátano, el kiwi y el mango, y añadiéndolos a la pulpa de piña, lo rociaremos todo con el zumo de limón. Mientras tanto, en una cacerola pequeña, derretiremos el azúcar a fuego lento con el zumo de la naranja. Dispondremos la macedonia en las dos mitades de la piña y verteremos por encima el zumo azucarado.

Rosquilla de primavera

tipo: Az — nivel energético: **

Calorías: 286
Glúcidos: 50 g
Proteínas: 5 g
Lípidos: 9 g

Tiempo necesario: una hora y media

Ingredientes para 8 o 10 personas:

250 g de azúcar
225 g de harina
150 g de yogur
80 g de mantequilla
dos huevos frescos
un sobre de vainilla
un sobre de levadura para dulces
mantequilla y harina para el molde
sal

Fundiremos la mantequilla al baño de María. En una terrina, mezclaremos el azúcar, el yogur, la vainilla y un pellizco de sal. Añadiremos los huevos y la mantequilla fundida, mezclando todos los ingredientes hasta que estén bien ligados. Añadiremos la levadura a la harina y, con un colador fino, la incorporaremos a la masa de huevos y yogur. Removeremos enérgicamente hasta obtener una masa libre de grumos, homogénea. Untaremos con mantequilla y enharinaremos un molde de rosquilla (de un diámetro de 24 cm) y verteremos en él la masa preparada. Lo introduciremos en el horno, previamente calentado a una temperatura de 180 °C, durante 40 minutos (para saber si la masa está a punto, se pincha la pasta con un palillo, que debe quedar seco). Finalizada la cocción, se dispone la rosquilla en una parrilla y se deja enfriar. Cuando esté fría, se servirá.

Copas de granada

tipo: Az	nivel energético: *

Calorías: 161
Glúcidos: 41 g
Proteínas: 1 g
Lípidos: 0,5 g

Tiempo necesario:
30 minutos

Ingredientes para 4 personas:

dos granadas grandes
dos kiwis
el zumo de una naranja
50 g de azúcar
dos cucharadas de Grand Marnier

Cortaremos las granadas por la mitad, extraeremos los granos y reservaremos las cáscaras. Pelaremos los kiwis, los cortaremos en dados, mezclándolos con la mitad de los granos de granada y poniéndolos en las cuatro cáscaras, como si fueran copas. Verteremos en una cazuela pequeña el zumo de naranja y el azúcar; añadiremos los granos de granada restantes y coceremos a fuego lento, hasta obtener un jarabe espeso que pasaremos por el colador para eliminar las semillas. Añadiremos a esta salsa el Grand Marnier, lo flambearemos y verteremos la preparación, aún caliente, sobre la fruta.

Crema de frambuesas

tipo: Az nivel energético: *

Calorías: 99
Glúcidos: 15,5 g
Proteínas: 4 g
Lípidos: 2 g

Tiempo necesario:
10 minutos

Ingredientes para 1 persona:

125 g de frambuesas
125 g de leche
125 g de yogur
dos cucharadas de miel
un pellizco de semillas de anís

Lavaremos y escurriremos las frambuesas, y las batiremos con los otros ingredientes.

Crema de pasas

tipo: Az	nivel energético: **

Calorías: 230
Glúcidos: 28,5 g
Proteínas: 8 g
Lípidos: 9 g

Tiempo necesario: 25 minutos (más el tiempo de remojo de las pasas)

Ingredientes para 4 personas:

500 g de yogur desnatado
200 g de pasas
50 g de almendras trituradas
dos cucharadas de miel
un puñado de piñones triturados
un poco de canela en polvo
un pellizco de sal

Dejaremos las pasas en remojo en agua durante una noche y, cuando se hayan hinchado, las coceremos con un pellizco de sal durante 20 minutos, a fuego lento. Las dejaremos enfriar, les quitaremos el hueso y las batiremos. Añadiremos a la crema obtenida la miel y el yogur. Seguidamente, la verteremos en copas individuales y la espolvorearemos con la canela, las almendras y los piñones picados.

Tarta de guindas

tipo: Az, L	nivel energético: **

Calorías: 419
Glúcidos: 57 g
Proteínas: 5,5 g
Lípidos: 20 g

Tiempo necesario: una hora (más el de descongelación de la pasta)

Ingredientes para 6 personas:

600 g de pasta de hojaldre congelada
400 g de guindas
50 g de azúcar
la piel de un limón
cuatro cucharadas de marrasquino
azúcar de lustre
30 g de mantequilla
una yema para pincelar
mantequilla y harina para el molde y la mesa de cocina

Descongelaremos la pasta de hojaldre. Lavaremos las guindas con agua corriente y les quitaremos el hueso con el utensilio adecuado. Calentaremos la mantequilla y doraremos en ella las guindas, añadiendo el azúcar y el marrasquino. Apagaremos el fuego pasado un minuto. En la mesa de cocina, extenderemos la pasta y recortaremos en ella dos discos, uno el doble de grande que el otro. Untaremos con mantequilla y enharinaremos un molde para tartas (de un diámetro de 24 cm), y pondremos el disco de pasta más grande. Rellenaremos con las guindas escurridas del líquido de cocción. Aromatizaremos con la piel de limón triturada. Cerraremos la tarta con el segundo disco de pasta, sellando los bordes con el primer disco que está en el fondo del molde. Pincelaremos la superficie con la yema del huevo diluida en medio vaso de agua. Señalaremos la parte superior de la tarta con un tenedor y, a continuación, introduciremos en el horno a 190 °C durante 45 minutos. Finalizada la cocción, retiraremos la tarta y la dejaremos enfriar. Espolvorearemos con el azúcar de lustre y la serviremos fría.

Exótica al kirsch

tipo: Az — nivel energético: *

Calorías: 85
Glúcidos: 22 g
Proteínas: 1 g
Lípidos: —

Tiempo necesario:
10 minutos

Ingredientes para 4 personas:

un mango de 650 g
dos kiwis
dos cucharadas de azúcar
el zumo de un limón
un vaso de kirsch
cuatro rodajas de naranja y cerezas confitadas para la decoración

Pelaremos y cortaremos en dados el mango, y en rodajas el kiwi, y los distribuiremos en cuatro copas. Espolvorearemos cada copa con media cucharada de azúcar. Rociaremos la fruta con el zumo del limón y un vaso de kirsch, y decoraremos con una rodaja de naranja y una cereza confitada.

Helado con salsa de kiwi

tipo: Az — nivel energético: **

Calorías: 201
Glúcidos: 54 g
Proteínas: —
Lípidos: —

Tiempo necesario:
15 minutos

Ingredientes para 4 personas:

400 g de helado de fruta
(preferiblemente, un sorbete de limón)
dos kiwis maduros y duros
50 g de azúcar
el zumo de un limón

Pondremos cuatro copas a refrescar en el frigorífico. Pelaremos los kiwis y los trocearemos. Reservaremos algunos trozos y los rociaremos con el zumo del limón, para que no se oxiden. En una cacerola, llevaremos a ebullición los restantes trozos de fruta, con el azúcar y medio vaso de agua, dejando cocer durante 15 minutos. Pondremos en cada copa tres bolas de helado y las dejaremos en el frigorífico. Pasaremos la salsa de kiwi por el colador fino y la verteremos, no demasiado caliente, sobre el helado. Adornaremos con los trozos de fruta reservados aparte. Serviremos rápidamente.

Macedonia al yogur

tipo: Az nivel energético: *

Calorías: 148
Glúcidos: 25 g
Proteínas: 3 g
Lípidos: 4 g

Tiempo necesario:
10 minutos

Ingredientes para 4 personas:

100 g de manzanas
100 g de ciruelas
100 g de peras
120 g de yogur desnatado
cuatro nueces
dos cucharadas de miel

Trocearemos la fruta pelada y la distribuiremos en dos copas. La condimentaremos con el yogur endulzado con la miel y espolvoreada con las nueces trituradas.

Manzana con mermelada de moras

tipo: Az	nivel energético: *

Calorías: 183
Glúcidos: 41 g
Proteínas: 2 g
Lípidos: 1 g

Tiempo necesario:
25 minutos

Ingredientes para 1 persona:

una manzana reineta
10 g de mermelada de moras
10 g de bizcochos desmenuzados
una cucharada de pasas de Corinto
una cucharada de moras
una cucharada de azúcar
una cucharada de vino blanco

Lavaremos bien la manzana y, una vez eliminado el corazón, la cortaremos por la mitad. Untaremos el interior con un poco de mermelada y volveremos a unir ambas mitades. Rellenaremos el vacío dejado por el corazón con los bizcochos desmenuzados y mezclados con las pasas de Corinto, espolvoreando con el azúcar y adornando con las moras rociadas con una cucharada de vino blanco. Dejaremos cocer en el horno, previamente calentado a 200 °C, durante 15 minutos, hasta que la manzana quede tierna. La serviremos templada.

Manzanas de la abuela

tipo: Az — nivel energético: *

Calorías: 171
Glúcidos: 26 g
Proteínas: 2 g
Lípidos: 6,5 g

Tiempo necesario: una hora

Ingredientes para 6 personas:

6 manzanas grandes (aproximadamente, 1.200 kg)
80 g de piñones y almendras peladas
20 g de mantequilla
cuatro cucharadas de azúcar lustre
vino blanco seco

Pelaremos las manzanas y eliminaremos el corazón con un utensilio adecuado. Rellenaremos las cavidades con azúcar. En una fuente, formaremos una capa de almendras y piñones y pondremos ahí las manzanas. Adornaremos con borlas de mantequilla y rociaremos con un tercio de un vaso de vino y medio de agua. Introduciremos la fuente en el horno, a 190 °C, y dejaremos cocer durante 40 minutos. Finalizada la cocción, dispondremos las manzanas en una bandeja y pondremos sobre el fuego la fuente con el fondo de cocción de las manzanas. Cuando el jarabe presente un característico color de caramelo, lo verteremos inmediatamente sobre las manzanas, que espolvorearemos con el azúcar; las serviremos calientes o templadas.

Pan de higos y pasas de Corinto

tipo: Az	nivel energético: **

Calorías: 397
Glúcidos: 97,5 g
Proteínas: 7 g
Lípidos: 0,5 g

Tiempo necesario: 40 minutos (más media hora para que la pasta suba)

Ingredientes para 4 personas:

500 g de pasta de pan
300 g de higos frescos
60 g de pasas de Corinto
50 g de azúcar
mantequilla y harina para el molde y la mesa de cocina
canela en polvo

Pondremos las pasas en remojo en agua templada. Extenderemos la pasta de pan sobre la mesa de cocina enharinada, hasta conseguir un espesor de unos 5 mm; la pincelaremos con agua fría y, a continuación, la espolvorearemos con cinco cucharadas de azúcar y media cucharada de canela. Distribuiremos por encima los higos, pelados y troceados, y las pasas de Corinto, bien escurridas. Enrollaremos la pasta, formando una especie de salchichón, cortaremos con un cuchillo en trozos de 1 cm de espesor, procurando no chafar demasiado la pasta. Dispondremos los trozos un poco distanciados entre sí en una placa untada con mantequilla, espolvoreándolos con un pellizco de azúcar y cubriéndolos con un paño de cocina; se dejan una media hora en un lugar templado para que la pasta suba. Luego, se introducen en el horno a 250 °C y se dejan cocer durante 30 minutos. Se sirven templados o fríos.

Peras al vino tinto

tipo: Az	nivel energético: *

Calorías: 95
Glúcidos: 90 g
Proteínas: 1 g
Lípidos: 4 g

Tiempo necesario:
40 minutos

Ingredientes para 4 personas:

cuatro peras
300 cc de vino tinto
50 g de azúcar
una rama de canela

Pelaremos y cortaremos por la mitad las peras, quintándoles el corazón. Se ponen en una cacerola y se rocían con el vino tinto. Añadiremos después el azúcar y la canela. Las llevaremos a ebullición y las dejaremos durante 20 minutos. Se dejan enfriar en su fondo de cocción y se distribuyen en platos individuales, una vez cortadas en forma de abanico. Se rocían con un poco de su fondo de cocción y se sirven.

Triángulos de mermelada

tipo: Az, L   nivel energético: **

Calorías: 506
Glúcidos: 71 g
Proteínas: 9 g
Lípidos: 23 g

Tiempo necesario: una hora (más el tiempo para que la pasta suba)

Ingredientes para 4 personas:

350 g de harina
100 g de azúcar
80 g de leche
50 g de mantequilla
15 g de levadura de cerveza
cuatro yemas
confitura de albaricoque
azúcar de lustre
aceite de oliva (para la fritura)
harina para la mesa de la cocina
sal

Mezclaremos la levadura con la leche y un pellizco de sal en un bol. En la amasadora, mezclaremos la harina con el azúcar y las yemas. Derretiremos la mantequilla al baño de María y la añadiremos a la masa anterior, junto con la levadura. Amasaremos hasta formar una masa lisa y elástica (en caso de no disponer de amasadora eléctrica, la masa deberá obtenerse a mano, sin añadir más harina). Una vez preparada la pasta, haremos un panecillo redondo y le practicaremos en la superficie unos cortes en forma de cruz. Lo dejaremos subir, cubierto con un paño, durante 45 minutos. Cuando la pasta haya subido, la extenderemos sobre la mesa de cocina enharinada, hasta conseguir un espesor de 3 mm. La cortaremos en forma de cuadrados de unos 5 cm de lado. En el centro de cada cuadrado, pondremos una cucharada de confitura. Seguidamente, los doblaremos, formando unos triángulos. Los sellaremos bien y los dejaremos subir 30 minutos más sobre la mesa de cocina, cubiertos con un paño. Calentaremos el aceite en una sartén y freiremos los triángulos, pocos cada vez. Cuando ya estén fritos, los escurriremos, poniendo papel de cocina para que absorba el aceite sobrante. Los pondremos en un plato, los espolvorearemos con azúcar de lustre y los serviremos.